De caperucita a loba

EN SOLO SEIS TÍOS

MARTA GONZÁLEZ DE VEGA

De caperucita a loba

EN SOLO SEIS TÍOS

Prólogo de Luis Piedrahita

Editado por HarperCollins Ibérica, S.A.
Núñez de Balboa, 56
28001 Madrid

De caperucita a loba en solo seis tíos
© 2021, Marta González de Vega
© 2021, para esta edición HarperCollins Ibérica, S.A.

Diseño de cubierta: María Pitironte con ilustraciones de Shutterstock

I.S.B.N.: 978-84-9139-604-8
Depósito legal: M-26207-2020

A Eduard Punset

Y a todos los hombres que han estado, están, estuvieron y estarán en tu vida, en la mía y en la de todas nuestras amigas.

ÍNDICE

Segunda parte.
...En solo seis tíos

PRÓLOGO

BUENO, ¿QUÉ?

Puede ser que usted haya visto el *Show* de Marta *De Caperucita a Loba en solo seis tíos* basado en este libro, razón por la cual no haya podido evitar comprarlo. Es normal. Se trata de un impulso agónico por intentar atrapar ese ratito tan hermoso que ha sido su representación. Nos llevamos el libro y es como si nos lleváramos el *show* a casa. Hay algo tranquilizador en ello. Sí, pero también hay algo de frustración. Y es que nos llevamos el libro porque no podemos llevarnos a Marta. Si has visto a Marta en directo ya sabes de lo que hablo. Ojalá este libro sirva para reencontrarte con ella y con el *show* cada vez que lo abras.

Pero es posible que usted no haya visto el *show*, ni sepa quién es Marta, ni quiénes son los González de Vega. Puede que usted haya comprado este libro en una tienda, o que lo haya robado, o que se lo hayan regalado, o que se lo haya traído a usted la cigüeña. Muy bien, para esas personas va la siguiente advertencia: Cuidado. Este libro contiene tanto humor por centímetro cuadrado que cambia vidas. Así es. Este escuálido librillo le hará a usted tan feliz que marcará un antes y un después en su historia personal. De sus páginas sale tanta luz que a partir de ahora dividirá usted sus días en antes y después de Marta González de Vega. Le trato a usted de usted porque usted todavía no ha leído el libro. Después, no se me ocurriría. Este libro habla de las personas y de cómo nos relacionamos, de los celos, las ansiedades, las obsesiones, las histerias y de esa infinidad de sociopatías domésticas que todos hemos atravesado por amor. Después de Marta uno entiende el amor como lo que realmente es: «algo imposible de entender».

Sin duda, Marta es una de las mejores guionistas de humor que hay en este país. Una escritora brillante e infatigable. Y creo que esas son las mejores virtudes que puede tener un escritor. Pero también es una actriz que ha sabido llorar de felicidad y reír en la desgracia. Y creo que esas son las mejores virtudes que puede tener un actor de comedia.

Señoras y señores, niños y niñas, prepárense para disfrutar del circo mental de Marta González de Vega. Agárrense y disfruten de un libro sobre las incomprensibles relaciones que sazonan nuestra vida: sobre enamoramientos torpes, decepciones afectivas, ilusiones sexuales, lances venereos, amantes ansiosos, episodios carnales urticantes, caperucitas y lobas. Un libro sobre Marta que nos explica cómo somos nosotros. Un libro tan fascinante que yo estoy deseando leerlo.

LUIS PIEDRAHITA

¡Bienvenida!

¿Cómo estás? Espero que hundida, deprimida, hastiada y acongojada.

¿¿Sí?? ¡¡De verdad?! No sabes la alegría que me das. Porque solo cuando uno llega al límite de la desesperación y del hartazgo existencial está realmente dispuesto a cambiar el chip.

Voy a contarte cómo llegué yo a ese límite. La primera vez que me enamoré, él no me correspondió. Por lógica, en la siguiente ocasión me tocaba que sí, ¿verdad? Pues no. Fue otra vez que no. Me dirás que a la siguiente... ¡Ja, qué risa! Cuando yo era la nueva querían a la ex; cuando era la ex querían a la nueva; cuando era la opción más práctica escogían la difícil; cuando era la difícil, escogían la práctica.

Probé con hombres con los que era imposible que fuera que no, y por supuesto fue que no, y luego, por si la vida me compensaba, probé situaciones en que era imposible que fuera que sí, ¡y, efectivamente, oye, fue otra vez que no!

Los acontecimientos siempre se confabulaban contra mí. Fuera esto lo más fácil o lo más difícil, fuera lo más lógico o lo más ilógico. La única regla que cumplían era no resolverse nunca a mi favor.

Y en medio de todo esto mi madre empeñada:

—El problema es que se asustan porque vales demasiado.

Que yo se lo agradezco, pero me daban unas ganas de darle una hos... ¡En fin! Que después de años llorando y pataleando me planté y decidí agarrar el rábano por las hojas. ¡Pero literalmente! Me fui a la nevera, agarré un rábano y me monté la escena de Escarlata O'Hara:

—¡¡A Dios pongo por testigo... de que jamás volveré a besar hombre!!

Y cuando estaba con el rábano en todo lo alto mirando al cielo, convencida de que no había ni un hombre bueno, de pronto apareció... ¡otro cabronazo para confirmarlo!

¡¿Y ahora?! ¿Ahora qué hacía? Si ya había llegado al techo del drama. ¿Dónde me metía el rábano?

Ahí ya me entró la risa floja de la desesperación, la que te entra cuando te das cuenta de que no tienes escapatoria de tu propio patetismo, miré al cielo y le dije a la vida:

—¡¡Bueno, mira, tía, ya... ¿Estás de coña?!! ¿Tú de qué vas?

Y ahí es cuando la vida me miró y me dijo:

—Hombre, ya era hora de que preguntaras... Porque de eso voy exactamente. ¡De coña!

¡Y BIENVENIDO!

Sí, hombre que estás leyendo este libro, tú también eres bienvenido. No creas que vas a asistir a una especie de aquelarre. Es cierto que voy a cebarme un poco en las especificidades propias de vuestro sexo, que tanto nos amargan la vida, pero también vamos a darnos mucha caña a nosotras mismas y, por lo tanto, a daros la razón en muchas cosas. ¿A que eso no te lo imaginabas? Pues espera y leerás.

Descubrirás que este libro es para todos los sexos. Y es que si algo me ha quedado claro y demostraré con evidencias neurocientíficas, es que esto no va de unos contra otros. Que en el amor hay dos grupos, sí, pero que son mixtos. Lo que realmente distingue a los dos grupos es: que estemos enamorados o que no lo estemos. Porque cuando lo estamos nos comportamos todos igual: hombres, mujeres, homos o heteros... Da igual. Cuando estamos enamorados somos patéticos. De modo que TODOS necesitamos convertirnos en LOBAS.

Yo voy a hablar en femenino todo el tiempo, pero siéntete completamente incluido cuando te veas reflejado como protagonista de las situaciones patéticas que vas a leer. Es decir, cuando te hayas enamorado.

Eso sí, no os engañéis ni vosotros ni vosotras. Cuando acabéis de leer este libro, seguiréis siendo patéticos, pero ha-

bréis aprendido a reíros de ello y ese es el auténtico superpoder de la loba. Porque cualquier cosa de la que consigues
reírte, ya la has vencido.

Aclararte además que cuando hablo del proceso en «solo
seis tíos», no pretendo clasificar a los hombres, simplificando
su personalidad. Me refiero a seis actitudes que nos solemos
encontrar en el amor, de modo que podrás descubrirte a ti
mismo siendo o habiendo sido varios de esos «tíos». Quizás
para tu ex hayas sido el tío número cuatro y ahora estés siendo con otra el tío número dos. Cuando acabes el libro dirás:
«Ah, pues reconozco que he sido el uno, el cuatro y el seis».
O «el tres y el cuatro», o «el uno y el dos». Pero incluso habrá
ocasiones en las que dirás: «No, qué narices, ¡yo soy la tía!».

Así que este libro también es para ti. De hecho, si me
apuras, yo diría que es más para tíos que para tías, porque vas
a descubrir un montón de secretos de la mente femenina que
hasta hoy te eran completamente inescrutables.

PRIMERA PARTE

De caperucita a loba...

I

EL PROCESO

¿QUÉ ES UNA LOBA?

E mpezaré por decirte lo que no es. Como ya habrás imaginado, y siento decepcionarte, una loba no es una devorahombres. Si esto es lo que esperabas al adquirir este libro, ¡los cojones 33! Que bonita expresión, ¿verdad? Los cojones 33. Es como una dirección... Es como mandarte a la mierda, pero concretando. Para que no te pierdas... Bueno, que me pierdo yo. A lo que íbamos.

Una loba es una mujer de la que nadie se puede reír más fuerte que ella misma. Y dirás: ¿Ya está? Sí, ya está. Pero es que si te paras a analizarlo un instante te darás cuenta de que este es el mayor superpoder que existe. Piénsalo. Si nadie se puede reír de ti más fuerte que tú, nadie te podrá hacer daño ¡con nada!

El hecho de que te rías de ti misma más fuerte que nadie anula cualquier posibilidad de que te sientas ridícula y por lo tanto tendrás la libertad de actuar como te dé la gana. Cuando estás preparada para reírte de cualquier cosa que te ocurra, no le tienes miedo a nada, y por eso puedes tomar las riendas de tu vida. Una loba puede irse tranquilamente al primer tío que le guste y decirle:

—Oye, tú me gustas. ¿Yo te gusto a ti?

Y si él le dice:

—No.

Le contesta:

—No pasa nada. No voy a juzgarte por no tener gusto cuando es evidente que yo tampoco lo tengo.

Una loba sabe lo que quiere, y puede exigirlo porque sabe lo que vale.

Yo, desde que me convertí en loba, no paso una. No hace mucho conocí a un tío maravilloso, guapo, alto, simpático, pero que tenía un pequeño defecto, y llámame tiquismiquis, pero solo por eso... ains, ya no podía estar con él. ¿Cuál? Que pasaba de mí.

¿Te ríes? Pues cuando somos caperucitas ese defecto no nos supone ningún impedimento. Si tú te empeñas en casarte con él, te da igual lo que te cuente:

—Verás, es que soy gay.

—¿Y qué problema hay? Los gays se pueden casar.

Una loba no teme mirar de frente la realidad porque nada de lo que hay en ella puede hacerle daño.

¿CÓMO SE CONSIGUE PASAR DE CAPERUCITA A LOBA?

El truco para convertirte en loba es... ¡que ya lo eres! Una loba no es más que una caperucita que ha aprendido a reírse de sí misma. Lo que pasa es que cuando te enamoras te pierdes en el bosque del drama y se te olvida quién eres. El proceso de pasar de caperucita a loba consiste en aprender a manejar nuestras emociones a nuestro favor aun cuando estemos bajo los influjos del amor.

¿Que si es posible en solo seis tíos? ¡Sí! Porque he calculado que en los seis tíos que vamos a analizar están reflejadas toda la gama de situaciones y actitudes a las que te vas a ver enfrentada en el amor.

Pero, ojo, que te puedes encontrar todas esas actitudes en el mismo tío. ¡Tiempo que te ahorras! Si llega uno tan chungo que te las hace todas juntas, ¡te haces el proceso en uno! Aunque no creo que tengas tanta suerte...

¡¿Te das cuenta de lo que acaba de pasar?! ¡De pronto que te venga uno chungo se ha convertido en un motivo de alegría! Porque será tu vehículo para convertirte en loba, que es tu nuevo y único objetivo. Fíjate, acabamos de empezar y ya te está cambiando el chip. Ya estás pensando, ¡que me venga lo más chungo posible, que me ahorra tiempo!

¿Cuánto dura el proceso en tiempo real?

Pues no te lo puedo decir porque el «tío» no es una unidad de medida temporal demasiado exacta. De hecho, no es una unidad de medida temporal en absoluto, aunque nosotras llevemos toda la vida usándolo como tal. Sí, sí. Da vergüencita reconocerlo, pero es así. Muchas veces no contamos la vida en años, sino en tíos. Por ejemplo, el 2003 es «cuando Pepe». La conversación con tu amiga puede ser más o menos así:

—¿Que en qué año presenté la tesis doctoral? Espera que recuerde exactamente... Sí, eso fue cuando Arturo.

—¿Sí? ¿No fue ya con Luis?

—No, acuérdate de que fue cuando tú estabas con Fernando.

—¿Qué Fernando, Fernando I o Fernando II?

—Fernando I.

—Ah, es verdad.

Sí, es que esa es otra. En una vida sentimental lo bastante azarosa enseguida empiezan a salirte repes y tienes que numerarlos como a los reyes. Yo tengo mi propio Felipe VI. Vive en Pamplona.

Bueno, y en el momento en que conoces a uno nuevo no es ya que sea un rey, directamente es el mesías. A partir de ese instante tu vida se divide en a. C. y d. C. Antes de Carlos y después de Carlos.

Y mientras te dure la devoción, la sábana en la que haya dormido se convierte en la sábana santa. Así como toda silla en la que se siente, mesa en la que se apoye o surtidor de gasolina en el que reposte. Y por supuesto su familia pasa a ser la sagrada familia. ¡Te enamoras de todo el pesebre! De su padre, de su madre, de la mula de su hermana y del buey de su cuñado.

En realidad, pensándolo bien, los tíos son una unidad de medida temporal muy válida, digna de entrar en el sistema métrico.

Sin embargo, lo que tardes en superar cada uno en tiempo real dependerá de una variante: lo que te empecines en él. Y a lo largo del proceso te vas a empecinar de mil maneras distintas. Ya lo veremos a lo largo del libro.

Pero, por si acabas de sonreír porque estás en pleno empecinamiento, te voy a ir dando un truco, para que empieces a aplicarlo desde ya:

Imagínate por un momento que hubieras nacido en China. La misma obstinación que tienes ahora mismo por el tío en el que estás pensando, la tendrías por un chino. Y no hablamos de un chino hipotético e imaginario. Ese chino por el que estarías amargada, ESE exactamente ¡existe! Ese chino tiene nombre, apellidos y teléfono. Es una persona real. Sin embargo, como no le has visto nunca, ese chino te da igual. Conclusión: ¡la única razón por la que estás sufriendo por el que tienes en mente es porque es el que conoces!

¿Y cuando estabas empecinada por el anterior a este? ¡El que te obsesiona ahora ya existía entonces! Pero tú no querías oír hablar de nadie que no fuera el anterior, que ahora te importa un pimiento. Pues, igualmente, el hombre de tu vida, al que encontrarás cuando decidas pasar del tío en el que estás empecinada ahora, ¡ya anda por ahí! Párate a pensarlo un segundo: ¡A no ser que seas Demi Moore o Marujita Díaz, tu próximo novio ya ha nacido! Ahora mismo ¡ya existe! Está en algún lugar dentro de este mismo planeta. Cierra los ojos y medítalo un momento. En este mismo instante está haciendo algo. Desayunando, trabajando, ¡echando un polvo! ¡Y a ti te da igual! ¡No te duele! ¡No te obsesiona! ¡Pensarlo no te produce ningún dolor! Vamos, digo yo… porque si dices que sí… entonces ya tienes un problema de posesión… que casi mejor que te lo mire un exorcista.

2
LAS REGLAS

QUIEN RÍE EL ÚLTIMO…
HA PERDIDO UN TIEMPO PRECIOSO

En el momento en que por fin te conviertes al humor como religión, la vida te revela esta su primera ley.

¿En qué punto estás tú? ¿Lo suficientemente harta de enfocar las cosas siempre de la misma forma como para probar una nueva perspectiva? Si no has llegado al tope del drama va a ser difícil. Igual te faltan tres o cuatro tíos. Ve a buscarlos…, que aquí te espero.

¿Ya? Qué velocidad. Ni siquiera yo daba con tantos capullos tan deprisa. Bueno, pues te cuento. Convertirte al humor es hacer de él la tabla sobre la que surfeas tu vida. No puedo decirte que no vayas a seguir pegándotela, pero en vez de sufrir te reirás, y eso lo cambia todo. El proceso que vamos a emprender es el de dominar esa arte. Cuando hayas conseguido dominarlo, habrás pasado de caperucita a loba.

El arte se va dominando poco a poco, paso a paso, tío a tío. Cuando yo empecé a comprobar que el método funcionaba, no me lo podía creer. Me parecía imposible que ante situaciones que antes me hubieran hecho polvo ahora me estuviera partiendo de la risa.

¡Y es que las tías somos muy graciosas para estas cosas! Tú eres capaz de gastarte cien euros en una crema anticelulítica; ahora, como haga efecto ¡lo flipas! Se lo dirás a todo el mundo:

—¡Mira, miraaaa, tengo menos celulitis. Es increíble… Miraaaaa!

Vamos a ver, ¿te estabas gastando cien eurazos convencida de que no iba a servir para nada? Eso es como comprarte un Ferrari y luego alucinar porque se mueve:

—¡Hey, arranca! ¡Qué fuerte! ¡Arranca!

¡Pues claro que arranca! Igual que tú vas a arrancar de tu vida todas aquellas creencias que te hacen sufrir.

A estas alturas te estarás preguntando si pretendo lavarte el cerebro. ¡Pues sí! Pero en el sentido literal. No se trata de meterte ideas en la cabeza, se trata de limpiártelo de las que tienes ahora.

No te vas a arrepentir de convertirte al humor como religión, porque cumple con todas las promesas que hacen las religiones convencionales, pero además, no para cuando te mueras, sino para ya mismo. No te librará del infierno en la otra vida. ¡Te libera del infierno en el que tú misma te metes en esta! Es compatible con cualquier otra creencia que puedas tener, y te va a dar paz, esperanza y felicidad, ahora y siempre, por los siglos de los siglos, amén.

Al convertirte al humor, dejarás de ser la reina del drama para convertirte en la protagonista de tu propia comedia.

Y ahora te estarás preguntando: ¿Estás comparando la vida con las películas?

Claro que no. Solo para las caperucitas la vida es como en las películas. Y de esa ingenuidad provienen todos sus problemas. Creen que las decisiones que adopten tendrán consecuencias inmediatas. Que si dejan a un chico para que reaccione, este volverá a buscarlas en la escena siguiente. No se dan cuenta de que en la película, a pie de pantalla, aparece el subtítulo de «seis meses después».

¡En la vida real los subtítulos hay que vivirlos! En la vida real la escena en la que esperas su retorno inflándote a helado dura todos esos meses. Prueba a pasártelos así en la vida real, ya verás cuando vuelva a por ti lo hermosa que te has puesto…

Cameron Díaz sigue divina cuando regresa el chico porque ha rodado todo el proceso en diez minutos. Lo único que ha hecho es cambiar diez veces de postura en el sofá para reflejar la evolución de su drama mientras le llenaban el decorado de cajas de *pizza* y tarrinas de helado vacías. ¡Cameron ni siquiera se ha comido el helado de verdad! Ni el helado, ni las *pizzas,* ni siquiera la ensaladita que le hizo su madre antes de salir de casa:

—*Pa* que comas algo en el plató cuando cortéis, hija, que estás famélica.

Por eso, cuando el chico toca el timbre «seis meses después», ella, si me apuras, está más flaca que antes. Por no hablar de ese *look* desaliñado, pero sexi… ¡que tú también tendrías si justo antes de abrir la puerta hubiera venido la de maquillaje a comprobar que la mancha de chocolate de la camiseta es exactamente del marrón de tus ojos, y que el flequillo te cae exactamente dos centímetros por encima del ojo izquierdo formando un ángulo de cuarenta y cinco grados con la pinza que te sujeta el pelo!

Por supuesto, nada de esto tiene que ver con la vida real. Así que deja de zampar helado y de cambiar de postura en el sofá de forma frenética como una poseída mientras controlas la puerta con el rabillo del ojo a ver si vuelve.

Porque efectivamente…

¡Esa sí es una comparación válida! En la vida, como en las series, el chico no reaparece hasta muchos capítulos más tarde o incluso temporadas después. Es más, a lo mejor te sorprende esto que te digo, ¡pero puede que ni vuelva! La mayoría de las veces resultará que ese que tú creías el amor de tu vida solo estaba contratado por un episodio.

Una serie sí es un referente interesante de lo que puede ser una vida. Y lo que yo te propongo es que conviertas la serie de tu vida en una *sitcom*. ¿Sabes esas comedias de situación con risas enlatadas, que cuanto más absurdo es lo que ocurre, más risas se oyen? Pues convertirte al humor consiste en traer esas risas a tu cabeza en la vida real. Que a partir de ahora cada vez que te pase una cosa muy ridícula, en vez de decir: «¡Soy patética!» Digas: «¡CAPITULAZO!».

¡Claro! Es empezar a pensar como los cantautores, que como usan sus experiencias para componer canciones, cada vez que les pasa una desgracia les viene genial. ¡Cada vez que a Alex Ubago le deja la novia… se frota las manos!

Puede que te parezca muy difícil adquirir esta actitud, pero enseguida te voy a explicar el método. De momento ve abriendo tu mente a lo maravilloso que sería conseguirlo.

Lógicamente requiere entrenamiento (que es lo que vamos a hacer a lo largo del libro), hasta que la técnica esté completamente dominada. Y al principio cuesta. De entrada solo eres una caperucita decidida a afrontar las cosas de otra manera. Recuerdo mi primera anécdota después de decidir convertirme al humor. Fue realmente patética, lo cual era genial desde esta nueva perspectiva, porque se trataba de un Capitulazo digno de ganar el Premio Grammy a la Mejor Comedia.

Os lo contaría, pero es un episodio demasiado sexual y me da vergüenza que lo lean mis padres.

Uff, es que he estado con cada uno… Y con cada dos… Bueno, con dos a la vez solo en una ocasión, por probar, que le dije a mi novio:

—Cariño, me gustaría hacer un trío.

Y, para mi sorpresa, él me respondió:

—Me parece bien.

Flipé:

—¿En serio? ¡Gracias, cielo; qué comprensivo! Vuelvo en cuanto acabe.

Nota para mi madre: Tranquila, mamá, que esto era un chiste. Nunca he hecho un trío… sin contar con mi novio.

Me gusta reírme de mi madre, pero ella siempre ríe la última. ¿Sabes lo que estará pensando en este momento?: «¿Novio, tú? Eso sí que es un chiste». Sí, la misma madre que te dice que no te echas novio porque eres demasiado buena para ellos luego te dice esto. Son seres contradictorios. Lo mismo te dice:

—Cariño, pareces una cría de veinte años, no se puede estar más guapa ni más joven.

Que cuando, al minuto siguiente, le dices tú:

—Me voy a dormir que se me caen los párpados.

Contestarte:

—Eh, mira, no te lo quería decir, pero ya que lo dices… Sí, se te están cayendo un poquito, pero para eso hay una operación muy sencilla que te cortan un poquito de piel y…

En fin… Ahora, en lo de mis novios tiene razón. Casi nunca he tenido uno y desde luego nunca he hecho un trío. ¡Me cuesta pillar a un tío como para conseguir a dos!

¡Pero no estábamos hablando de mi madre, que me liáis! Hablábamos de mi primera experiencia patética después de decidir convertirme al humor y entrenarme para loba.

Mamá, lo siento, pero lo voy a contar. Si no quieres leer cosas sexuales, pasa la página.

El que voy a relataros fue mi primer capítulo como protagonista de mi propia *sitcom*. Podemos titularlo: «El día que me di cuenta de que hay que hacerlo siempre con la luz encendida».

Había quedado con... Vamos a llamarle Carlos. Por no llamarle como se merece. Aquella iba a ser la noche... Llevábamos viéndonos varios días, pero yo había decidido que si mi vida iba a ser como una comedia tenía que ser de las buenas, de las americanas. Así que nada de sexo hasta la tercera cita.

Esto, para una española media es muy duro, ¿eh? Yo me hubiera liado con él en la primera cita..., pero en la primera cita que saliera de su boca:

—Parece que hace buena noche.

¡A la cama!

Igual como cita no te parece muy lúcida, pero tú la entrecomillas y le pones al lado que es de Paulo Coelho y lo petas en el Facebook.

El caso es que me aguanté como una campeona hasta el tercer encuentro. Cuando llegó el día ya no podía más, pero, claro, en estos casos, el tío no puede notar que tienes más ganas que él porque entonces pierdes todo el halo de control y misterio que has ganado con la contención.

No puedes comportarte como en los bufés libres, en plan desesperada que no ha comido en un mes. Tienes que guardar las formas y empezar a servirte poquito a poco. Que si un besito en los labios, que si otro en el cuello... Además, notas que esto le pone mucho, porque no para de bufar como un toro, así que sigues: un besito en el pecho, otro en la barriga... y él, bufa que te bufa. Para cuando vas a atacar el plato principal está tan en tensión que ya ni siquiera resopla. No emite sonido. Así que le preguntas coqueta:

—¿Qué pasa? ¿Te has dormido?

Silencio absoluto. Ahí empiezas a mosquearte. Así que toses discretamente para hacer notar tu presencia, pero nada. Cero reacción. De modo que, por fin, te decides a encender la lamparita y hacer frente a la dolorosa verdad de que el tío se ha quedado frito, mientras piensas: «¿Pero cómo es posible? Si a este tío se le caía la baba conmigo…». Y, efectivamente, ¡ahí está, con la baba colgando, dormido como un mandril!

Y allí te quedas tú. Inmóvil. Escuchando los ronquidos que en otro tiempo creíste bufidos de pasión, y decidiendo qué sentir al respecto.

Me costó, ¿eh? A una parte de mí le apetecía arrancar el rábano de sus raíces y clamar al cielo con él en la mano como había hecho siempre. A otra parte solo le apetecía que me tragara la tierra roja de Tara. Y a la otra… a esa loba incipiente que empezaba a despertar en algún rincón de mí misma… la verdad es que quería parecerle gracioso.

Pero, claro, como me acababa de convertir al humor, y era la primera vez que me enfrentaba a mi nueva forma de pensar, no sabía si este caso era demasiado extremo para reírme y lo suyo era ofenderme.

Como eran las seis de la mañana no podía llamar a ninguna amiga para que me ayudara, así que, qué narices, decidí que me hacía mucha gracia. Dejé explotar las risas enlatadas en mi cabeza y, apretando los labios para que no se me salieran por la boca, le di un besito al chico en la frente y me fui a mi casa tan contenta.

Y la prueba definitiva de que la capacidad para convertir el drama en comedia es un auténtico superpoder, es que no solo cambias el presente, sino ¡el futuro!

Yo no solo me reí en el momento. Me volví a reír al día siguiente cuando él me preguntó qué había ocurrido exactamente. Le envíe por whatsApp el relato de lo acontecido.

Al ver que yo me lo tomaba a broma, el pobre también se desternilló y tuvo la oportunidad de explicarse. Llevaba tres noches sin dormir terminando un trabajo y no podía con su alma, pero tenía tantas ganas de quedar conmigo que no había podido resistirse. ¿Que sí le creí? Pues sí, primero porque yo soy la leche –pregúntaselo a mi madre–, y, por tanto, esa era la única explicación posible. Y segundo porque el muchacho se esmeró en compensarme con creces durante los siguientes meses. Bueno, con creces, no. Con polvos. Que casi mejor.

Así que con mi nueva actitud conseguí cambiar un orgasmo por una carcajada, que en términos de placer y beneficios para la salud por ahí se andan. Y luego, encima, como premio, tuve muchos más…

Eso sí, como noté que le daba un poco de vergüenza que alguien pudiera enterarse de la anécdota, le tranquilicé diciéndole que no se preocupara, que todas mis amigas, mis vecinos, compañeros de trabajo, amigos de Facebook y seguidores de Twitter coincidieron en que era muy gracioso y que no tenía de qué avergonzarse. ¡¡Que no, hombre…!! Que no se lo conté a nadie… ¿Cómo iba a hacerlo? Quería reservarlo para el libro.

Por cierto, Carlitos, si estás ojeando esto para comprobar que hablaba en serio cuando te decía que lo iba a poner, ya está. Ya no tienes que seguir leyendo. Te puedes ir a dormir. Que es lo tuyo.

Ya he dicho que el nombre es ficticio. Obviamente nunca me he acostado con ningún Carlos. De ser así, no lo hubiera usado. Aunque estoy pensando que debí escoger un nombre menos común porque si alguna vez me enrollo con un Carlos, la gente puede creer que estoy hablando de él…

Bah…, que se fastidie. Seguro que alguna faena me hace el tal Carlos que le hace merecedor de haber salido en este libro. Si se cree que por no habérmela hecho todavía se va a librar, va listo.

Además, hemos quedado en que tampoco es nada vergonzoso lo que le pasó a este chico. Es natural y divertido. Como casi todas las cosas que dejamos que nos avergüencen, o incluso nos mortifiquen, de forma absurda.

Por tanto, mi profunda reflexión a propósito de esta anécdota, y que te lanzo a modo de consejo, es que no te avergüences de nada y te rías de ti misma en cualquier circunstancia. Tanto él como yo pudimos carcajearnos juntos de esta situación porque para ambos fue divertida. Si yo me hubiera ofendido o él se hubiese avergonzado a lo mejor hubiéramos provocado un problema donde realmente no lo había.

Y mi segunda reflexión profunda –y escúchala bien porque quizás sea la más importante– es: hazlo siempre con la luz encendida. Así podrás ver el momento exacto en que se duerme.

Ah, Carlos, por si no has cerrado aún el libro, como seguramente eres de los pocos tíos que va a leer esto –junto con los demás tíos que temen tener su momento de «gloria»–, otra cosita antes de que te duermas: les dices a tus amigos y les pides a ellos que se lo transmitan a los suyos que tampoco hay que pegarse diez horas, ¿eh? A veces es mejor que se duerman como tú, a esos que se han creído la leyenda de que cuanto más tarden, mejor. Aguantar, sí, pero con un límite. Esto te lo pido en nombre de todas las mujeres con agujetas en las ingles. Está bien esperarnos y eso, pero a las tres horas de coito ya te dan ganas de decir como en los restaurantes:

—Tranquilo, no esperes que llegue lo mío. Mejor vete comiendo…

Y a lo mejor así… sí que llega «lo mío».

¿Ha sido un chiste muy bestia? Acabamos de empezar y aún no sé si le he pillado el tono a esto. Qué pena que en los libros no se puedan poner emoticonos para suavizar las cosas. Tú pones cualquier bestiada, pero le plantas al lado el emoticono de whatsApp del guiño con la lengua fuera, y arreglado. En concreto este de la lengua fuera lo uso mucho. Más que todos los de fauna y flora juntos. Ese y el del beso, claro. El creador del emoticono del beso se debe haber comprado un castillo con los derechos de autor, ¿no? El de la gamba a la gabardina vive todavía con sus padres... debajo de un puente.

En fin, que se me va... El caso es que aproveches cualquier situación para verla con desapego y permitirte escuchar las risas enlatadas en tu cabeza antes de decidir si algo te molesta, duele u ofende.

El mensaje es bonito, aunque haya habido sexo de por medio, ¿no? De todas formas, tranquila, mamá, no volverá a ocurrir. De hecho, creo que prácticamente no vuelvo a hablar de sexo en todo el libro. Ya nos hemos quitado el polvo de encima y podemos centrarnos en las cosas serias: ¡reírnos de todo!

Pero no te equivoques. No hay que confundir convertirse al humor con volverse superficial, ¿eh? Eso es un talento de tío.

A mí me hace mucha gracia cuando viene el tío y te dice:

—Es que piensas demasiado.

Me dan unas ganas de soltarle:

—¡Claro, desgraciado, porque tengo que pensar por los dos!

Y en el fondo, chica, vamos a reconocerlo... ¡A veces nos gustaría poder ser como ellos! ¡Nosotras también queremos ser prácticas y desenfadadas! ¡Y que todo nos dé igual! Y el hecho de que ellos tengan esa capacidad ¡nos toca mucho las narices!

¿Lo digo...? ¿Seré capaz...? Allá voy. A veces les llamamos simples ¡¡porque nos dan mucha envidia!! Ay, qué a gusto me he quedado. De hecho, nos dan tanta envidia que en ocasiones intentamos hasta imitarlos. ¡No cuela! Acéptalo. ¡Eres mujer, te jodes! ¡No puedes evitar pensar!

A ver... que no quiero ofender a los tíos. Vosotros también pensáis. Y, de hecho, cuando lo hacéis, os ralláis más que nosotras. Como no tenéis costumbre... (costumbre de rallaros, digo). Porque nosotras a la primera ya estamos volviéndonos locas: ¿Por qué ha dicho eso? ¿Qué me ha querido decir? Vosotros, no. A vosotros parece que nada os afecta... Pero el día que os enamoráis, os ralláis por todas juntas. Así que esto que voy a decir, vale para todos:

El truco no es dejar de pensar, porque luego las cosas se enquistan y es peor. Tú te crees que te has convertido en loba, y en realidad eres una loba de los chinos que se cree que ha llegado sin haber salido. Lo que hay que hacer precisamente es ¡pensar del todo! ¡Hasta el final! Hasta donde el drama se convierte en comedia y todo se vuelve un chiste.

A mí, ahora, cuando un tío me dice:

—Es que piensas demasiado.

Le contesto:

—No, señor, el problema es que no pienso lo suficiente.

Lo dejo loco.

¡Porque es cierto! El problema no es que pensemos mucho. Es que no pensamos lo bastante. Nos quedamos a mitad de camino perdidos en el drama.

Pero si tú piensas hasta el fondo de cualquier asunto, siempre hay un momento en que el drama se convierte en risa. ¿No te ha pasado cuando estás al borde de la angustia, de la desesperación, del agotamiento... que te entra como una risa floja? ¡Que te dan auténticos ataques de risa! Pues ahí es adonde hay que llegar. Ese clic que tu mente hace de forma inconsciente para que puedas sobrevivir, tienes que aprender a activarlo a voluntad.

Convertirte al humor es tomar la decisión consciente de arrinconar a tu mente hasta que brote el surtidor de la risa en cada ocasión que se te presente.

Ser tú la que juega con tu mente cada vez que entre en bucle, obligándola a llegar al punto en el que le dé la risa. ¿Cómo? ¡Riéndote TÚ de ella!

Te propongo un ejercicio. Vamos a llamarlo el juego de las «íes». Es como hacer de «Supernanny» de tu propia mente. Deja a tu mente gritar y patalear lo que le dé la gana. No hagas caso, no intervengas. Por más pollo que monte ella, tú a lo tuyo hasta que se canse. Se va a irritar un montón, ya verás. Pero que no te avasalle. ¡De eso se trata! ¡Ya está bien de que ella sea la única que da por saco!

Piensa en esa situación dramática que tanto te preocupa. Yo qué sé...; imagínate que tu mente agarra el nabo y empieza:

—¡¡Estoy segura de que mi novio ya no me quiere!!

Y tú, sin inmutarte, pregúntale tranquilamente:

—¿Y?

Se va a quedar flipando, claro. Lo más probable es que corte la escena y te diga:

—¿Cómo que «y», petarda? ¡Pues que si no me quiere me va a dejar!

Ahí insistes:

—Vale, ¿y?

Y ella dirá:

—¡Joder, pues que me voy a quedar hecha polvo!

Y tú:

—Ya, ¿y?

Y ella:

—Pues... pues... ¡pues eso! ¿Qué más quieres? ¡¿Tú estás gilipollas?!

¿Ves? Ya has empezado a vacilar a tu mente. ¡La estás retando. Y la estás cabreando! ¡Felicidades!

Puede que ahora mismo estés de acuerdo con ella porque te parece evidente que quedarse hecha polvo es una putada. Pero si sigues manteniéndote imperturbable en tus «¿íes?», tu mente se acabará rindiendo porque la realidad es que no es capaz de explicarte por qué es tan horrible. Y por primera vez te abrirás a la pequeñísima posibilidad de que su drama no tenga sentido y perderá el poder de darte por saco. La única razón de que te dominara es que siempre te rendías antes que ella. Si aguantas los «íes» hasta donde ella no pueda seguir argumentando, te digo yo que a los pocos segundos vas a empezar a oír pequeñas risitas enlatadas en tu cabeza. ¡Como en las *sitcoms*!

Pruébalo con tus amigas cuando el drama lo tengan ellas. Cuando intenten argumentarte lo terrible de su tragedia, reproduce la conversación de arriba con ellas. Si aguantas lo suficiente sin inmutarte, a tu quinto «¿y?» estarán soltando una carcajada, reconociendo el patetismo de su melodrama. O eso, o arrancándote la cabeza. En cualquier caso, bien para ti, porque es mejor que te arranque la cabeza a que te la siga comiendo de esa manera.

Al convertirte al humor comprendes que nuestra necesidad de profundizar en las cosas hasta la náusea no es una debilidad, ¡es otro superpoder! ¡Lo que ocurre es que hay que saber usarlo! Si Superman pensara que los rayos láser de su mirada son una debilidad caminaría tan cabizbajo que se dispararía a los pies, como Froilán.

¿Qué nos dicen ellos siempre?

—Es que te lo tomas todo demasiado en serio.

¡Y tienen razón! Descartes dijo: «Pienso, luego existo». Las Caperucitas dicen: «Pienso, luego sufro». Las lobas dicen: «Pienso más, luego río».

Con el «pienso, luego sufro» nos quedamos a mitad de camino regodeándonos en el drama, dando vueltas en bucle una y otra vez. Aprender a usar nuestro superpoder es profundizar del todo y convertir el «pienso, luego sufro» en un «pienso, luego río».

Visto desde esta perspectiva, no tienen que darnos envidia los que parecen ser capaces de no pensar, no son lobas ni lobos de verdad, ¡solo son lobas de los chinos! Vale que no sufren, pero también se pierden muchas cosas maravillosas por lo que ellos llaman no «complicarse la vida». Cuando vives en el «pienso, luego sufro» claro que llega un momento en el que dices: mira, me quito. Me quito del amor, porque esto no compensa. De hecho, ese deseo te atacará muchas veces en tu proceso de caperucita a loba, y también hablaremos de ello, pero cuando lo completes descubrirás que al convertirte al humor y llegar al verdadero fondo de todo, ¡ya no tienes que renunciar al amor para no sufrir!

Así que apunta esta como otra posible ley del humor:

«El que crea que hay cosas demasiado profundas como para poder reírse de ellas es que no ha profundizado lo suficiente».

Como ves, me saco leyes de la manga como me da la gana. Pero, vamos, no creo que me denuncien, esto es un libro de humor. No es como si me inventara la ley de la gravedad. De hecho, a estas leyes podríamos llamarlas leyes antigravedad, para contrarrestar la gravedad que le impones tú a todo lo que te pasa.

Pero es que es muy importante tener esto claro, porque si nos asusta profundizar, nos autoengañaremos de mil maneras para no enfrentarnos a la realidad. Y vamos a verlas todas a lo largo del proceso.

Os dije que esto iba de darnos caña también entre nosotras. Así que el primer paso para dejar de ser caperucitas es abandonar el autoengaño. Y lo siento, pero en eso somos expertas.

Los hombres nos dicen que las mujeres nos pasamos la vida pidiéndole peras al olmo. Y hay que reconocer que es verdad. Pero les voy a explicar por qué. Es porque estamos convencidas de que no es que el olmo no tenga peras, ¡es que el muy cerdo no te las quiere dar!

Si eres tío, ahora mismo lo estarás flipando. Sí, nuestra cabeza va mucho más allá de lo que podáis suponer.

A veces nos autoengañamos tanto que nos cuesta distinguir la fantasía de la realidad. No hay más que ver cómo nos ponemos cuando un *sex symbol* sale del armario. ¿Os acordáis cuando salió Ricky Martin? Ahí tocamos techo.

—¡Jodeeer! ¿Qué? ¿Que Ricky Martin es gay? ¡¡No!! ¡Mierda!

Vamos a ver… Reflexiona un momento. ¿De verdad pensabas que te lo acabarías tirando?

Los hombres, nos guste o no, distinguen mucho mejor las ilusiones de la realidad. Un tío se entera de que a su *sex simbol* favorita no le gustan los hombres sino las mujeres, y sigue disfrutando de su fantasía sin problema. Es más, ¡la enriquece!

Así que, por favor, chicas, primera lección: Observar la realidad. Que luego vienen los llantos cuando te caes del guindo:

—«Ay, me caí del guindo».

¡Pues no te subas! ¡Que te subes sola!

Si llevo un rato diciéndotelo: ¡Bájate del guindo, que te vas a caer!

Yo entiendo que como caperucita es muy duro observar la realidad porque para ti es un drama, pero ahora que vas a descubrir que es una comedia ya no tienes que subirte a ningún guindo. Así que repite conmigo…

***

¡NO VUELVO A SUBIRME A UN GUINDO!

Te lo repito para que te cale: La mayoría de las veces nos subimos al guindo solas. ¡Nos encaramamos! ¡Trepamos guindo arriba, como posesas, víctimas de nuestras hormonas dislocadas!

Hubo un tiempo en que yo hubiera podido cruzar la Península Ibérica saltando de guindo en guindo. Hasta que un día me di un hostión, y por eso estoy aquí, para evitar que os lo deis vosotras.

Sí, ya lo sé. Tú no eres de esas… Tú no eres de las que se sube al guindo porque sí…, porque se invente las cosas. ¡Es que hay tíos que venden películas que luego no son!

Es posible que esto sea así con un perfil de tío, del cual hablaremos luego, pero reconóceme, caperucita querida, que tu tendencia natural es aplicar la máxima «el que calla otorga» e interpretar sus silencios como pistoletazos de salida para trepar por el guindo. ¡¿Y sabes cuál es el colmo de los colmos?!

¡Que una vez llegamos a lo alto del guindo aprovechamos el viaje para pedirle las peras al olmo!

Se acabó ese mundo ilusorio en el que has estado hasta ahora. No necesitas vivir de fantasías para ser feliz a ratos, entre hostión y hostión.

REPITO: ¡Deja de subirte a los guindos y de hablar con los olmos! ¡Ni para pedirles peras ni para nada!

Y lo peor del caso es que tus amigas en vez de poner cordura y decirte lo que te he dicho yo:

—No te subas al guindo que te vas a caer…

¡Te animan!

—¡¡Venga, sí, trepa, que tú puedes!!

Ya está bien. Tenemos que espabilar.

El problema es que en vez de zarandearnos las unas a las otras para despertarnos… ¡nos cantamos nanas!

Véase un ejemplo: «Tía, yo creo que el tío te ha dejado porque le gustas tanto… que le da miedo».

Pero vamos a ver… ¡¿Tú alguna vez le has visto dejarse un chuletón a la mitad porque le estaba gustando tanto que le daba miedo?!

El autoengaño es algo que llevamos dentro. Como el colesterol. Solo que se combate justo al revés: ¡echándole huevos!

3
MÉTODO: DAR CERA, PULIR CERA

¿Que qué es eso de «Dar cera, pulir cera»? ¿Perdona? Si eres tan joven como para no haber visto la película *Karate kid*, ¿qué haces saliendo con hombres? De hecho, ¿qué haces despierta a estas horas? ¡Tendrías que estar ya en la cama! Sí, vale, no sé a qué hora estás leyendo esto, ¡pero me da igual! Si eres tan pequeña tendrías que estar durmiendo a todas horas.

En fin, te voy a resumir rápidamente en qué consiste el método para que no pierdas el hilo del libro, pero que sepas que no pienso hacer más concesiones. Sí eres tan cría que te pierdes, te aguantas. A cambio sigues teniendo el culo duro.

La verdad es que manda narices. Perder mis mejores años en acumular toda esta sabiduría para ahora pasársela a una tía que está más buena que yo. Esto no me renta...

Bueno, atiende. Daniel era un chico que quería aprender karate, y su profesor, el señor Miyagi, en vez de enseñarle le tuvo dos meses limpiando coches. Con un movimiento semicircular de la mano derecha daba cera y con un movimiento igual de la mano izquierda, pulía la cera –de ahí lo de «dar cera, pulir cera»–. El chico estaba desesperado de que su entrenamiento no empezara nunca, pero cuando su profesor le puso a prueba descubrió para su asombro que con el dominio de esos dos movimientos que aparentemente no tenían nada que ver con el karate había aprendido a parar casi todos los golpes.

Pues eso es lo que va a pasar al final de nuestro proceso. Vamos a reírnos de todos nuestros patetismos, de todos nuestros miedos y, solo con eso, al final, comprobarás que los has vencido. Que te has convertido en una loba.

Claro que habrá momentos en que dirás: No, no, me quito. Me quito del amor. Esto no compensa. Pero no, no te puedes quitar, porque la única manera de aprender a manejar las emociones es exponerse, no queda otra. ¿Que quién me lo ha dicho?

PUNSET, MI SEÑOR MIYAGI

Sí. A lo largo de mi proceso de caperucita a loba, Punset, a través de sus libros, ha sido mi señor Miyagi.

Yo sabía adónde quería llegar: a reírme de todo. Pero pronto me di cuenta de que eso era imposible sin saber manejar mis emociones. Gracias a Punset me hice consciente de ellas, primer paso para controlarlas, y luego aprendí a usarlas. Cuántas veces no habremos deseado dejar de tener emociones para no sufrir tanto… y ser capaces de ser más frías.

Y es que ya lo hablamos antes. Lo primero que hace un superhéroe antes de aprender a usar sus poderes, es intentar desprenderse de ellos, porque le superan.

Pero Punset lo dice en su libro *El viaje al amor*: «Si seguimos teniendo emociones es porque nos ayudan a sobrevivir. Si no en el curso de la evolución ya habrían desaparecido».

Las emociones no desaparecen porque son necesarias para la supervivencia. Interesante… ¿Sabéis lo que no hace ninguna falta, por lo visto, a estas alturas de la evolución? Los dedos de los pies. Sí. Por lo visto, los dedos de los pies tienen los días contados. Esto no me lo dijo Punset, sino una profesora de ciencias en el colegio: que la tendencia evolutiva es que al ser humano se le acaben pegando los dedos de los pies porque ya no nos hacen ningún servicio por separado. Oye, me creó una paranoia... Me pasaba las noches moviendo los dedos para evitar que se me pegaran. Adquirí tal agilidad que ahora puedo meterme el dedo gordo en la nariz mientras que con el de al lado compruebo si el agua de la playa está fría. ¿Y por qué te meto este rollo? Porque así vas a pelear tú por no perder tus emociones cuando aprendas a usarlas. Como yo peleaba de pequeña por no perder los dedos de los pies.

Cuando empecé a leer a Punset, me di cuenta de que la religión del humor tenía una sólida base científica.

Él también hablaba continuamente del autoengaño, y no solo el autoengaño positivo, sino del negativo. De cómo nuestro cerebro, ante la imposibilidad de conocer toda la realidad, la sistematiza, y de cómo, si hemos sufrido mucho, suele hacerlo con un prejuicio hacia nosotros mismos.

Y pensé, ¡es cierto! Cuando te has caído de veinte o veinticinco guindos, tu mente se convierte en un probador de Zara. Habéis estado en alguno, ¿no? Tienen un tipo de luz que te saca todos los defectos. Te voy a confesar una cosa... Yo muchas veces no voy a comprarme ropa, ¡voy a depilarme el bigote!

Con esa luz sale todo lo peor de ti: pelos, celulitis..., y cualquier imperfección se multiplica por mil. Una quiere pensar que con la luz natural no se ven esa cantidad de fallos que te ves allí. Pero ahí te planteas, si todo depende del tipo de luz, ¿cómo saber cuál es el estado REAL de tu piel de naranja? ¡Es imposible!

¡Y esa es la actitud correcta! La de asumir que es imposible juzgar nada, y, por lo tanto, no aplicar ningún prejuicio sobre las cosas en virtud de lo que esperamos o de lo que tememos. Simplemente, dejarlas ser.

Y es que la realidad no es ni buena ni mala. Es el prejuicio que tengas hacia ella lo que la convierte en buena o mala para ti. Por ejemplo:

—Oh, me ha dejado mi novio, qué drama. Bueno, espérate, que a lo mejor es comedia.

Punset dice que la fórmula de la felicidad incluye el desaprendizaje consciente. Que tenemos que liberarnos de las asociaciones infundadas. ¡Y eso es también lo que te decía antes! Se trata de lavarte el cerebro, pero en sentido literal. Limpiarlo de cualquier idea previa. Normalmente llamamos lavar el cerebro a que te metan una idea en la cabeza. ¡No! Lavarlo para mí es limpiarlo de toda idea preconcebida. Y desde esta nueva concepción, una lobotomía no serviría para dejarte atontada sino todo lo contrario, lo que haría es despertarte. Porque una lobotomía para nosotras es convertir nuestro cerebro en el de una loba. Cualquiera que abriera el libro por este punto al azar y leyera que quiero lavarte el cerebro y practicarte una lobotomía, pensaría todo lo contrario a lo que acabo de explicarte. Esa es la prueba del poder de liberarte de los antiguos conceptos.

Dice Punset que hay que desaprender para volver a mirarlo todo con ojos nuevos. ¡Y eso es exactamente lo que haces cuando te conviertes al humor! ¡Ver las cosas desde otro ángulo! ¡Pensar por libre! Y puede parecer difícil, pero yo aprendí a lo tonto, un día haciendo *zapping*, que di con un programa concurso; se llamaba *Lo sabe, no lo sabe*. En él hacían preguntas por la calle a personas escogidas al azar. El presentador, Juanra Bonet, le preguntó a un señor:

—¿Cómo se conoce a las personas sin pigmentación en la piel?

A lo que el señor respondió:

—Hablando con ellas.

Me quedé alucinada; me pareció fascinante. Pero la cosa siguió porque Juanra le aclaró:

—No, me refiero a cómo se las llama.

Respuesta del señor:

—Ah… pues por educación, se las debe llamar de usted.

¿Qué te parece? En un primer momento simplemente me hizo mucha gracia, pero luego me pareció de una profundidad bellísima. Absolutamente todo depende del proceso mental con que lo afrontes. Las desconcertantes respuestas de este hombre eran perfectamente válidas. Nadie podría decir que no estaba contestando a las preguntas que se le habían hecho.

Empecé a pensar en la cantidad de cosas que nos hacen sufrir por no darles el enfoque adecuado. Cómo nos quejamos de todo, sin intentar siquiera ver las cosas de un modo en el que pasarían a ser completamente positivas.

El otro día, una amiga estaba deprimida porque cumplía cuarenta años. Y le dije:

—Tía, pero ¿cuál es el problema?

Y me respondió:

—Hombre, que ya no tengo veinte años…

Me quedé loca, ¡¿cómo que no!? ¡¡Claro que los tienes!! ¡De hecho, tienes veinte más!

¡Claro! Qué mentalidad de carencia, por Dios…

Además, cuando cambias el chip encuentras soluciones para todo. Esta misma amiga tenía una cita y me llamó mientras iba de camino:

—Paso de ir, tía, estoy supernerviosa. Me sudan las manos y tengo la boca seca.

—¡Coño, pues chúpate las manos!

¡Si es que de dos problemas puedes hacer una solución!

Ains… Si no llego a estar yo ahí, se pierde la cita. Con lo que cuesta conseguir una cita a su edad… ¡Es broma, es broma! Sigo pensando que es genial tener cuarenta. Vamos, que debe serlo… Ya te lo diré cuando llegue. Si llego, porque lo veo tan lejos que me da pereza ir.

Sé lo que estáis pensando ahora. Todo eso está muy bien en la teoría, pero en la práctica las emociones son muy difíciles de manejar. ¡Y es cierto! ¡Pero gracias a Punset descubrí el truco para lograrlo!

Y es que las emociones, antes, siempre, son pensamientos. ¡Ahí es cuando hay que aprender a manejarlos! Porque cuando ya se convierten en emociones es mucho más complicado revertir el proceso. Punset me explicó que el camino de ida del pensamiento a la emoción es como una autopista vacía por la que llegas a toda velocidad. El camino de vuelta es una carretera secundaria con atasco.

Así que para asegurarte emociones positivas tienes que trabajarlas cuando aún son pensamientos. Si esperas a que se conviertan en emociones para intentar cambiarlas, lo que harás será reprimirlas. Te pongo un ejemplo poético para que lo entiendas. Es como si tienes gases, y en vez de tomarte un Almax, te pones un tapón en el culo.

No cabe duda de que una de las cosas que más nos mortifica es el clásico conflicto mente-corazón. La mente te dice que te vayas, pero el corazón se quiere quedar. En esos momentos una piensa… Ojalá existieran relojes de cal, igual que existen los relojes de arena. Así podríamos contar por separado las horas felices de las tristes y saber si un amor nos compensa.

Hasta que te das cuenta de que no hay motivo para separar la cal de la arena. Que tu mente puede convertirlo todo en cal (suponiendo que la cal sea la buena, que nadie lo sabe). Así que el trabajo no es renunciar a nuestras emociones, es volverlas a nuestro favor.

Es la única pelea que vale la pena. No como la que tenía yo para que no se me pegaran los dedos de los pies. Porque si lo piensas, los dedos de los pies sí que son bastante inútiles, la verdad. Y si se te pega alguno tampoco pasa nada, que son cinco. De hecho, siempre me ha dado la impresión de que son más... ¿a ti no? Se los cuento a todo el mundo porque no me lo acabo de creer... Pero no, siempre son cinco y siempre me sorprende. ¿Para qué queremos tantos dedos en los pies?

Debes estar preguntándote el motivo por el que me he enconado de esa manera con los dedos de los pies.

Pues para que te des cuenta de lo absurdo que se ve desde fuera empecinarse con algo. Como tú cuando le pides peras al olmo. ¡Luego te enfadarás con la vida! ¿Cómo va a saber la vida que lo que quieres que te dé es a tu media naranja si te ve con esa obsesión por las peras? ¡La vuelves tan loca que al final te da limones!

Pero esto ya no va a pasarnos más. Y vamos a empezar ya, que, como dice Punset, y ya os he trasladado, la forma de aprender a controlar las emociones es precisamente haciendo lo que más miedo nos da: ¡exponernos!

A continuación, nos adentramos en el alucinante proceso de pasar de caperucita a loba en solo seis tíos.

Todo lo que vas a leer está basado en sentimientos reales. Sin embargo, las situaciones han sido alteradas y algunos nombres modificados para preservar la intimidad de sus protagonistas. Aunque la mayoría no, por tratarse de venganzas personales.

He de admitir que ha sido duro decidirme a hacer públicos los resultados de mis investigaciones. Es muy difícil hablar sobre las emociones, dar la cara y reconocer ciertas cosas, pero tuve que asumir que escribir un libro es como enamorarse: te obliga a exponerte. No queda otra. ¡Hay que mojarse! Y no como esos espectadores que llaman a los videntes de la tele sin tener el valor de dar la cara e identificarse:

—Eh…, soy… géminis, de León.

No, tío, ¡échale un par y di la verdad!:

—¡Soy libra, de Cuenca!

Que a mí, de estos, los que más gracia me hacen son los que llaman, pagando a razón de un euro noventa y cinco el minuto, para preguntar:

—¿Va a mejorar mi economía?

Que no hace falta ser vidente para decirles: Así no. En fin, ¿de qué estaba hablando? ¡Que me lías! Ah, sí, de lo difícil que es exponerse públicamente y reconocer las propias miserias. Por eso quiero dar las gracias a mis amigas, porque todas las situaciones patéticas que vas a leer a continuación son de ellas y solamente de ellas.

Vale, todas no. Pero tampoco se trata de un proceso estrictamente autobiográfico. En ocasiones me apropiaré de historias y sentimientos de mis amigas, primas, vecinas y conocidas. ¿Está claro? Luego no quiero a ningún tío llamándome:

—¡He leído el capítulo cinco y yo no soy así!

—Es que tú eres el seis.

—¿El seis? ¡Ese es peor!

—¡Pues haberte callado!

...en solo seis tíos

SEGUNDA PARTE

Perdón, perdón, solo una cosita más…

4
¡ME CAGO EN LAS MITOCONDRIAS!

¿Tú sabes lo que son las mitocondrias? Pues unos orgánulos que están en cada una de las células, que suponen el diez por ciento de nuestro peso corporal, ¡y que son las responsables de que haya dos sexos! ¿Sabes lo que esto significa? ¡Pues que si no fuera por las puñeteras mitocondrias no tendríamos que sufrir a los hombres y, además, estaríamos un diez por ciento más delgadas! ¡Un mundo sin mitocondrias sería el paraíso! Pero mientras existan, seguiremos peleándonos con los hombres y con la báscula.

Punset dice que todavía hoy no se sabe cómo y por qué surgieron dos sexos. Pues, mira, el porqué no lo sé, sin embargo, el para qué está claro: para complicarnos la vida, pero bien…

Si no lo digo reviento. Venga. Ya podemos comenzar el proceso…

5
Tío número uno.
El rollo de una noche

Si algo nos enseñó la serie *Sexo en Nueva York* es que en la actualidad la búsqueda del amor verdadero es perfectamente compatible con el mero disfrute del sexo. Vamos, que en nuestros tiempos Blancanieves puede seguir soñando con el príncipe... pero mientras tanto... se tira a los enanitos.

Lo difícil puede ser encontrar a un tío que te apetezca tirarte, por eso, cada vez optamos más por contratar un director de *casting* que nos resuelva la elección de los personajes masculinos para nuestra serie. O sea, recurrimos a redes de contactos como «Meetic», «Badoo», «Tinder»... Yo reconozco que antes era reticente a este método para ligar. Me parecía que era como pescar en una piscifactoría. Me parecía que tenía más mérito pescarlo en mar abierto: en una fiesta o de marcha. Pero si lo analizas detenidamente, ¿qué mérito tiene encontrarse al besugo en un bar?

¡Eso es pura casualidad! Da igual cómo o dónde encontramos a los besugos. Lo que de verdad tiene mérito es aguantar las técnicas de ligue que tienen sin que se te quite el hambre.

Porque hay cada uno por ahí… Está el que te suelta:

—¿Te han dicho alguna vez que eres preciosa?

¡Pues claro! Tío, de verdad… Plantearte la posibilidad de que nadie me lo haya dicho nunca, ¿a ti te parece un piropo? ¡Porque a mí me suena a insulto…!

En serio, cuando preguntan eso, ¿qué esperan que les respondamos?:

—¡No, nunca, nadie! Hazme tuya ahora mismo, porque quizá no vuelva a ocurrir jamás…

¡Obvio que me lo han dicho! ¡¡Mil veces!! Y quizá ni siquiera porque sea cierto, ¡sino porque precisamente es lo que te dicen siempre! Si me hubieras preguntado:

—¿Te han dicho alguna vez que eres —yo qué sé…— francesa?

A eso a lo mejor te contesto:

—Pues, mira, no; francesa, no.

¡Pero preciosa…!

Si tienes una buena noche, después de este te entrará otro que te dirá:

—No puedo entender que no tengas novio.

Con este sí que ya te cabreas.

—Ah, ¿qué pasa? Que si no tengo novio tiene que ser porque no quieren ellos, ¿no? Porque no hay ninguna posibilidad de que una tía simplemente no quiera tener novio.

Y él:

—Eh… Acabo de entender por qué no lo tienes.

Pero si tienes suerte, por fin aparecerá… «ÉL».

Sustituir «él» por el nombre propio que corresponda. En mi caso, Fernando, pero voy a omitirlo para preservar su intimidad.

Fernando, digo «él», es un oasis en el desierto. Ese tío honesto y directo, que simplemente te dice:

—¿Nos vamos a la cama?

Y, francamente, visto lo visto… encuentras que la suya es una propuesta de apareamiento bastante aceptable.

¡Un tío que no insulta nuestra inteligencia diciendo tonterías! Uno con el que se podía pasar una noche agradable sin líos ni complicaciones.

Todo va según el plan trazado y por su orden: cuatro polvos, siete posturas, dos besos en la mejilla y un apretón de manos en señal de mutua satisfacción por el intercambio de placer consumado. Recoges la ropa rápidamente y desapareces sin dejar huella. Cada vez eres más eficaz en el proceso.

Cuando tienes menos experiencia te cuesta un poco encontrar las bragas, lo cual resulta bastante patético, pero luego das con ellas enseguida porque son enormes. Tipo Bridget Jones. Claaaaroooo, porque como ya conoces la ley de Murphy de que basta que te las pongas para que ese día ligues, ya te las pones directamente para ver si ligas.

Son truquitos que tenemos las mujeres. Como esto que hacemos de decir: Este tío me interesa de verdad. No me quiero acostar con él demasiado pronto. No me voy a depilar. ¡Y al final te acabas acostando con él, pero con unos pelos en las piernas que según en qué posturas no sabes cuáles de las cuatro piernas son las nuestras!

Así que mira, yo cuando quiero asegurarme de que me voy a acostar con él, me dejo crecer las dos cosas, los pelos y las bragas. Lo malo es que después de esa visión, lo más probable es que eches uno y no más. Pero, oye, más vale pájaro en mano…

El caso es que te vistes, te despides y fin del capítulo.

Por lo general, el rollo de una noche será una experiencia divertida, rápida e indolora. No tiene por qué tener mayor complicación. Cuando ya eres loba, claro. (Y siempre que hayas tenido la precaución de que el que haya usado «caperucita» sea él). Y es que para las mujeres de hoy, disfrutar del sexo desvinculándolo completamente de lo emocional no supone ningún problema. Salvo, quizá, en un único caso: cuando sí lo supone.

En ese caso, la película de «El rollo de una noche» viene con… Final alternativo con drama incorporado.

Y voy a mostrártela.

Advertencia: «LA ESCENA QUE VA A LEER A CONTINUACIÓN HA SIDO REALIZADA POR PROFESIONALES DEL DRAMA. POR FAVOR, NO INTENTE REPETIRLA EN CASA».

No intente repetirla en casa, otra vez, quiero decir. Porque la profesional del drama a la que me refiero eres tú, bonita, y la escena que vas a tener el bochorno de leer, es la que te has montado tú un millón de veces.

Asumámoslo. A veces pasa. Tú solo querías sexo, lo tenías clarísimo. Por favor, si hasta se lo dejaste claro cuando te preguntó:

—¿No te quedas a dormir?

—¿A dormir? He quedado con mis amigas en que al terminar me volvía al pub.

Si cuando tus amigas te preguntaron en el chat del grupo que qué tal te había ido les contestaste:

—Meh… Tampoco para repetir.

Si cuando llegaste a casa y te metiste en la cama lo último que pensaste fue: «Ains. No tenía que haberle dado mi número; espero que no me llame».

Me quiere explicar alguien… ¡¿Qué narices ha podido pasar en las seis horas que has estado inconsciente para que al despertar tu habitación esté llena de arcoíris, florecillas y pájaros de colores?!

Y ahí es cuando, de pronto, en respuesta a tu pregunta y a lomos de un unicornio rosa, aparece Punset y te dice:

—Te vas a reír… Veeerás. ¿Tú sabías que practicar la cópula dispara los niveles de oxitocina, que es la hormona encargada de generar el vínculo afectivo con el macho?

Y tú flipando:

—Pero qué me estás contando, Punset, si yo no he copulado con nadie. Si yo solo he echado un polv… ¡Ay, Dios míoooo!

Ahí es cuando saltas de la cama y empiezas a brincar histérica sobre las flores silvestres como si tuvieras una avispa encima:

—¿¡Pero dónde tengo la hormona esa?! ¡Quítamela! ¡Quítamela!

Y entonces Punset te explica, muy tranquilo y a su ritmo:

—Verás… La hormona se produce en el hipotálamo y desde ahí es conducida a las terminaciones nerviosas pituitarias y liberada en el torrente sanguíneo.

—¿¡El torrente sanguíneo?! ¡Entonces ya estoy completamente infectada…! ¡¿Pero cómo ha podido pasarme esto, Dios mío?! ¡Si lo hice con condón! ¿¡A eso lo llaman sexo seguro?!

Estás tan angustiada que zarandeas a Punset hasta lograr lo imposible, dejarlo más despeinado de lo que estaba.

—Por favor, dime, ¿¡qué me va a pasar?!

Y él:

—Pueeeees…

Ahí ya te desesperas:

—Aparta, que no me fío de ti. Voy a mirar en Google.

Y efectivamente, ¡Internet opina igual! No hay escapatoria. ¡Estás desarrollando una vinculación afectiva por el macho!

Yo, particularmente, aquí ya me desquicié.

—¡No puede ser! ¡¿Pero en qué momento, Dios mío? ¿En qué momento empecé a producir oxitocina en el hipotálamo, si yo estaba tan normal…?!

Y ahí me explica Punset, que es que ni siquiera hace falta echar un polvo entero… ¡Por lo visto la puede provocar un abrazo, una caricia… o un simple beso!

En ese momento lo entendí todo:

—¡Claro! ¡Eso fue! ¡Los dos besos que le di en la mejilla después de los cuatro polvos! ¡Pero quién me mandaría a mí ser tan educada con un señor que no conozco de nada!

Ahí entras en una fase de negación de la enfermedad. Sí, esa en la que miras el móvil de reojillo, como sin querer que lo note. O sea… ¡Disimulas delante del móvil! ¡Como si el teléfono fuera el mismísimo tío! Es surrealista, pero es así. Te haces la dura delante de tu móvil. Asúmelo. Ya está.

Por supuesto aguantas dos segundos. Al final lo coges, pero muy tú en tu papel, ¿eh?, como el que no quiere la cosa. Solo te falta silbar mientras abres el whatsApp. Buscas su chat… y por fin, lees: «Última conexión ayer a la 01:00». Ahí te relajas:

—Bien, perfecto, fue antes de acostarnos. Eso es que sigue durmiendo.

Al rato vuelves a mirar. Todo igual «Última conexión ayer a la 01:00». Ahí piensas:

—Joer, el pobre… Sí que le dejé agotado.

A las tres de la tarde empiezas a mosquearte:

—Bueno, ya le vale…

A las cinco, ya dices:

—¡Pero bueno, marmooota, despiértate yaaaaa!

Entre las cinco y las seis de la tarde ya miras el móvil de manera constante cada catorce segundos. Cuando dan las seis, y en un alarde de independencia emocional, decides ducharte. Solo para ver si consigues aguantar diez minutos seguidos sin encender la pantalla. Y cuando a las seis y diez vuelves a mirar… sientes una de las peores punzadas en el corazón que puede sentir un ser humano del siglo XXI. «Última conexión a las 18:04».

—¡¿Qué?! ¡Eso significa que ya está consciente!

¡Está consciente y no te ha llamado! Casi habías conseguido superar el día porque estaba dormido, pero ahora, ¡¿qué vas a hacer, Dios mío?!... ¡Y de pronto! ¡¡Entra en línea!!! ¡¡Ah!! Ahí sueltas el móvil como si quemara y te escondes debajo de la cama... ¡Por si te ha visto!

A los pocos segundos, vuelves en ti, te reincorporas lentamente... Miras y... Oh... Ahí sigue... En línea. En ese instante es como si estuvieras con él, el tiempo se detiene... no te atreves ni a respirar para que no se rompa el romanticismo del momento... Solo acaricias donde pone «En línea»... Sabes que mientras esté ahí, puede escribirte en cualquier momento... Y de pronto...

—¡Se va! ¡¿Se va?! ¡¿Así, sin despedirse?!

Cuando estás a punto de caer en picado, de repente ¡en línea otra vez!... ¡Y vuelves a revivir! ¡La vida vuelve a tener sentido, los pajaritos cantan y las nubes se levantan...! Y a los dos segundos ¡se vuelve a ir!... Y tú:

—¡¿Pero qué pretendes? ¿Volverme loca?!

Y llamas desquiciada a tu mejor amiga:

—¡¡No me ha llamado!!

Y ella:

—¡¿Quién?!

Y tú:

—¡El tío que me tiré ayer!

Y ella:

—¿El que no querías que te llamara?

Y tú:

—¡¡Síííí!!

Ahí tu amiga te pide calma para que puedas explicarle y así hacerle un análisis serio de la situación. Así que respiras:

—A ver, te cuento... Está conectado al whatsApp, pero entra y sale, entra y sale... ¿eso qué significa?

Ahí, tu amiga, tragando saliva, no tiene otra opción que ser honesta contigo:

—Amiga, si entra y sale, entra y sale... Eso significa... que se está tirando a otra por whatsApp.

Lo recuerdo como si fuera hoy. Me quedé allí, sentada en el suelo, y empecé a pensar lo tranquila que estaba yo 24 horas antes. Cuando me despedí del chico con dos besos por pura cortesía sin saber que la oxitocina estaba corriendo ya sigilosamente por mis terminaciones pituitarias....

Y así entendí que el hecho de que no quisiera ver lo que me pasaba por dentro cuando me enrollaba con alguien no iba a evitar que ocurriera. En ese momento decidí dos cosas:

Primera: comprarme todos los libros de Punset que hubiera en el mercado para saber a qué me enfrentaba desde un punto de vista estrictamente biológico. Y segunda: Empezar a observar mis pensamientos para entender qué pasaba en mi cerebro, porque evidentemente lo importante no era que aquel tío me llamara o no, sino descubrir por qué lo que él decidiera hacer me afectaba tanto. Qué madurez, ¿no? Lo estáis flipando... Yo más. Y de pronto... «PI-PI» («PI-PI» es lo más parecido que se me ha ocurrido al sonido que hacía mi móvil al recibir un mensaje). Pues eso, que de pronto: «PI-PI». Sé lo que estáis pensando, porque es exactamente lo que pensé yo: El universo me está premiando por ser madura...

¡Pero no! ¡Porque pasó lo que pasa siempre! ¡Porque todas tenemos esa amiga pesada que te escribe siempre que estás esperando el whatsApp de un tío:

—¡Holaaaa, guaaapaaaa! ¿Qué tal el día?

Que tú piensas: «¡Cállate, puta!».

Pero no le pones eso, claro. Le pones:

—Muy bien, preciosa. Un besito.

Y a los cinco segundos vuelve a sonar. «Pi-pi». ¡Y es ella otra vez!

—Que duermas bien.

Con el emoticono del angelito al lado. Y tú pensando: «¡Que me dejes en paaaazzz, zorraaa!».

Pero en un segundo alarde de contención, le respondes:

—Tú también, linda.

Seguido del emoticono del besito con corazón y confiando en que se entere de que das por zanjada la charla.

Pero una amiga dispuesta a que te dé un infarto a fuerza de cariño no va a dejarlo así. Ella ve tu emoticono de beso, sube la apuesta ¡y te manda dos! Y ahí es cuando revientas, y con toda tu mala leche contenida le mandas… ¡el de los putos corazones en los ojos!

¡Ese es lo máximo; no cabe más amor! Si este emoticono no zanja la charla nada podrá hacerlo.

Pues no, hija, no… porque te lo puede devolver seguido de un signo de admiración. Ahí ya te das cuenta de que esto podría durar eternamente… porque el número de admiraciones que pueden añadirse a un emoticono no está reglado… Así que te relajas y te dices:

«No se puede luchar contra el destino». No puedes conseguir ni que ese hombre te quiera más ni que tu amiga te quiera menos, y recuerdas que al fin y al cabo es de ella de quien no puedes prescindir, porque es la única que estará ahí para animarte cuando se confirme el hecho de que no vas a volver a saber de ese tío.

Llegados a este punto, y después de pasar diez horas dándole vueltas al tema, podrías considerar el irte a la cama, que son las diez de la noche… si fueras tío. ¡Pero eres mujer!, y una mujer no considera que le haya dado suficientes vueltas a la cabeza si no apura las dos horas que le quedan hasta que den las doce. En esas dos horas tu cabeza aún puede girar más que la de la niña del exorcista.

Porque encima se inicia una batalla entre la caperucita

que eres y la loba, aún escondida, que hay en alguna parte de ti, que de pronto dice:

—¿Y si le llamo yo? ¿Qué problema hay?

Y cuando ya estás cogiendo el teléfono, dices:

—No, no, no… porque si al tío le interesara… me habría llamado él.

Y la loba:

—O no… Porque a ti te interesa él y tú no le has llamado.

Y tú:

—Bueno, no le he llamado aún, pero… ojo… porque si le llamo, sí que le estaría llamando…

¿Sabes cuál es la decisión correcta? Pues claro que no. Esperas que te la diga yo. Y lo voy a hacer. No debería. Debería limitarme a ayudarte a reírte de tu patetismo y no enseñarte la manera de ligarte a ese hombre que podría ser para mí. Y Dios sabe que necesito el máximo número disponible para poder elegir con cuál de ellos… la cago.

Pero te lo voy a decir. La decisión correcta es… ¡la que tomes! ¡Claro! Como tu nuevo objetivo es convertirte al humor, y por lo tanto en loba, cualquier cosa que ocurra ha pasado a ser un medio para conseguir tu verdadero objetivo, que es reírte de todo. Así que, de hecho, cuanto más patético sea el resultado de lo que hagas, ¡mejor para tu objetivo! Con esta nueva actitud vital no puedes equivocarte, porque, pase lo que pase, ya has decidido de antemano que vas a usarlo para aprender a reírte de todo y ser feliz. Fíjate la magnitud del asunto: ¡La decisión de convertirte al humor te ha librado del fracaso para siempre! Del bochorno no, también te lo digo. Pero del fracaso, sí.

De todas formas, te voy a contar lo que hice yo por si quieres copiar. Yo llamé. Sí. Sí. Haciendo gala de mi proverbial ingenio encontré una excusa que me permitiera entrar en contacto con él –por si estaba interesado–, pero que no pudiera identificar como interés por mi parte si el tío pasaba de mí. Le llamé y le dije:

—Oye, hola, este… Fernando, te llamabas, ¿verdad? Sí, mira, era para preguntarte… ¿Yo no me habré dejado ayer por ahí unas gafas?

Y él:

—No sé. Espera que mire… Pues, no; no veo nada. Lo que hay es un reloj.

Y yo:

—Ah… un reloj. ¡Bueno, me vale! ¡Voy a por él!

Las relaciones comienzan de las formas más marcianas. Todas hemos escuchado historias maravillosas que empezaron mal, historias tristes que empezaron bien, cosas raras que se enderezaron, cosas perfectas que se torcieron… Después de una decisión como la mía pueden pasar muchas cosas. Primera, que el tío pase de ti, pero que te lleves un reloj como premio de consolación. Segunda: que os conozcáis, os enamoréis, y no te vuelvas a acostar con otro hasta que te mueras… ¿Qué? Visto así ya no apetece tanto, ¿eh? Si estás en pleno ataque de ansiedad por alguien, te viene bien tener en cuenta esta posibilidad… Igual se te pasa. Y tercera, que el rollo de una noche se convierta en…

EL ROLLO DE LAS MIL Y UNA NOCHES

¡Pero no porque se vuelva mágico, sino porque os acostáis mil y una noches y siempre es el mismo rollo!

Esto es lo que me sucedió a mí. Yo antes no podía entender cómo una persona podía pasar mil noches contigo y no desarrollar ninguna clase de vínculo afectivo. Pero gracias a mis nuevos conocimientos neurocientíficos, por primera vez, esta circunstancia no me hacía sufrir. Porque por fin entendía lo que le pasaba y era capaz de ponerme en su lugar. Y tú debes hacer lo mismo, ¡porque no es culpa suya!

No, pobrecito... Lo que pasa es que no segrega oxitocina, el muy cabrón.

Y cuando ya estaba conforme con esto, aparece Punset y me dice:

—No, no, el macho también segrega oxitocina durante el coito; si no, no llegarían los espermatozoides...

Y yo:

—¡Jolín, ¿Y dónde la mete?! ¡Porque yo no se la noto!

La oxitocina, digo... Bueno, pues por lo visto lo que ocurre es que además de oxitocina, segregan vasopresina, que es una hormona que actuaría en sentido contrario. Es decir, la oxitocina provoca apego y la vasopresina, rechazo, y según Punset «podría ser la responsable del rechazo o agresión tras la cópula, que algunos identifican con el acto sexual consumado sin vínculo afectivo».

¡Joer! Qué difícil es todo. Si para llegar a comprender a un tío con el que duermes una noche a la semana tienes que dormir las otras seis con Punset... como que no compensa...

Pero yo estaba decidida a hacer el esfuerzo, así que una madrugada más devoré sus libros hasta las seis de la mañana. Según Punset, en la batalla entre la oxitocina y la vasopresina, la primera actuaría con más contundencia, de modo que decidí esperar un poco a ver si tenía razón, ganaba la oxitocina y se acababa enganchando.

¡Y premio! Un buen día... Bueno, más bien, una buena noche –porque una de las características de este tipo de rollo es que nunca os habéis visto a la luz del sol– llegué a su casa. Él estaba viendo un partido de fútbol que había grabado. El tío me hizo ver la repetición del mismo gol quinientas veces. Y yo encantada, claro:

—¡Sííí! Me está haciendo partícipe de sus cosas. ¡Yupi!

Estaba tan contenta que en cada repetición fingía más emoción que en la anterior:

—Hey, ¡ha vuelto a entrar! ¡Es increíble! ¡Ponlo otra vez a ver qué pasa!

Me vine tan arriba que esa noche, después de hacer el amor tres veces, al despedirnos en la puerta se me ocurrió darle un pico. Y el tío pone los ojos como platos, se echa hacia atrás, y me dice:

—¡¿Qué haces?!

Si después de hacer veinticinco posturas distintas en la cama, el tío te mira como si fueras una pervertida por darle un beso en la puerta... no hay nada qué hacer. Ese día comprendí que para él nuestra relación era como la repetición de aquel gol. Él disfrutaba cada vez que entraba, qué duda cabe, pero solo eran repeticiones mecánicas idénticas a la anterior. Según Punset porque «la sensación de placer es muy poderosa, si algo es placentero queremos repetirlo». No hay más. El plus de emoción de una repetición a otra solo lo estaba poniendo yo.

Por lo visto copular conmigo le activaba un circuito de neuronas especializado que hay encima del tronco encefálico. Que suena muy romántico, pero no lo es. De modo que ahí acabó todo. Para él. Yo estuve dos meses sin hablarme con Punset por haber dejado que me ilusionara y llorando por las esquinas como Escarlata O'Hara con el rábano en la mano:

—¡Si solo quería sexo, ¿por qué no lo dijo de entrada?! ¡¿Por qué tenía que fingir que yo le importabaaaa...?!

Tras un duro proceso de profundización y sinceridad conmigo misma llegué a dos sabias conclusiones que quizá te ayuden si te estás haciendo las mismas preguntas: Primera, saludarte cuando llegas no es fingir que le importas. Y segunda, no des por hecho que si alguien no lo especifica, es que quiere algo serio. Hazlo al revés. Piensa que lo que tiene que especificar es que sí lo quiere. Si hay algún tío leyendo esto, estará diciendo:

—¡Eso es! ¡Gracias por aclararlo!

Aunque como los únicos que lo estarán haciendo son los que estén preocupados por si salen en el libro, a lo mejor están demasiado tensos para disfrutar de la lectura. Je, je, je… leed, leed, ya veréis qué risa…

Fernando, tú no respires, que aún no he acabado contigo.

6

Tío número dos.
El amigo con derecho

Ay… el amigo con derecho… La relación de amigos con derecho es la mayor fuente de estrés del siglo XXI. Daría por sí sola para todo un libro. Es una especie de cajón de sastre que abarca todo lo que hay por encima del amigo y por debajo del novio. Un todo vale, y por lo tanto, un chollo para el que no esté enamorado y un hervidero de angustia para aquel que tenga la mala suerte de pillarse.

Vamos a centrarnos en el hervidero de angustia que es lo que mola para la comedia. Bueno, espera. Antes vamos a hablar de una clase de amigo con derecho que sí que podría llegar a funcionar. (Porque claro, esta relación abarca un abanico tan amplio de posibilidades que tiene muchas variantes).

Este caso del que hablo es aquel en el que primero sois amigos. Os lleváis fenomenal, lo hacéis todo juntos y de pronto una noche por fin se resuelve la tensión sexual y pasáis de nivel. Ahora sí que sí. Esto no es como lo del rollo de las mil y una noches o follamigo. Aquí hay un vínculo de complicidad, te entiende mejor que nadie y encima ha surgido la química, ¿se puede pedir más? Simplemente habéis pasado de pantalla y no hace falta decir nada. ¿Quién quiere estropear las cosas con charlas? Eres una mujer relajada, desenfadada, disfrutando de sus disparados niveles de oxitocina y segregando dopamina que da gusto. Ahora ya puedes disfrutar de despertarte con música de fondo en tu cabeza. Ahora sí que sí. Los pajaritos cantan y las nubes se levantan...

Él todavía duerme. Tú le besas en la frente y te desperezas... Acaricias la cabeza de un cervatillo que viene a darte los buenos días, le peinas las crines al unicornio... Y te vas al tocador a atusarte tus cabellos dorados... Luego te das cuenta de que no hay tocador, porque estáis en su casa... pero da igual... tampoco tienes los cabellos dorados... ¡Ni falta que te hace! Tienes todo lo que necesitas. Una hermosa selección de especies animales: el cervatillo, el unicornio... y a él... que por fin abre el ojo, te sonríe y te pide que vuelvas a la cama dando una palmadita sobre el colchón.

Qué gusto poder quedarte tranquilamente en la cama toda la mañana. Sin la sensación incómoda de no saber si debes irte o quedarte. Abrazaditos, charlando de cualquier cosa. Hasta de sentimientos, ¿eh? Que estáis ahí acurrucaditos, y de pronto te dice:

—Bueno, cuéntame, ¿cómo va todo? ¿Te gusta alguien?

En ese instante se congela toda la fauna y flora que te rodea. No das crédito a lo que acabas de oír. Miras a los animalillos a ver si ellos han escuchado lo mismo que tú. Los pajarillos te evitan la mirada y cantan mirando hacia los lados como disimulando. El cervatillo, de la vergüenza ajena, se mete debajo de la cama, y cuando miras al unicornio lo único que te apetece es arrancarle el cuerno y clavárselo en los huev... al muy c...

—¿Que si me gusta alguien?

Y él:

—Joer, ¿qué pasa? Somos amigos, ¿no? Siempre hemos hablado de estas cosas…

¡¿Te lo puedes creer?! ¡Hace falta mal gusto para preguntar algo así justo después de…! Lo que más te cabrea es la sensación de que lo hace para dejarte claro que no te montes películas. ¡Como si una mujer no fuera perfectamente capaz de mantener una relación sexual sin pretender nada más! Vale que no sea el caso, ¡pero él no lo sabe! ¡Y me parece increíble que tenga la osadía de acusarme de flipada sin tener ninguna prueba!

¡Películas yo, venga hombre!

—¿Pero tú qué te has creído, que yo estoy viendo aquí cervatillos y unicornios? ¡Tú estás pirado, ¿no?!

Te indignas tanto que empiezas a lanzarle su ropa para que se vista.

—¿Qué te crees? ¿Qué estoy pensando que eres mi príncipe azul? ¡Pues toma tu capa y tus pantalones bombachos, y te largas!

Solo hay una cosa más patética que cabrearte con un tío por insinuarte que no te flipes cuando ya te has flipado, y es… echarle de su propia casa.

Cuando caes en la cuenta, con la poca dignidad que te queda, te subes al unicornio, le cuelgas el bolso del cuerno y le dices:

—Ea, *Pa* casa.

Y cuando vas por la gran vía subida en el unicornio vas pensando:

—No lo entiendo… ¿Qué narices falló ahora? Sí ahora había complicidad, vínculo afectivo y encima química sexual… A ver, de toda la vida… eso es el amor, ¿no?

Pues no. Porque, por lo visto, la fórmula del amor es como la de la Coca-Cola, hay un ingrediente secreto que nadie sabe cuál es. Y si no está, te pongas como te pongas, y con todos los respetos… te sale Pepsi.

Claro, como no te hablabas con Punset desde que te cabreaste con él en el tío anterior, no te habías enterado de que en el proceso de enamoramiento influyen muchas más cosas de las que crees, y que la mayoría de ellas no tienen nada que ver contigo. No solo son la oxitocina, la vasopresina o la dopamina, también están las experiencias del pasado, la predisposición inconsciente o los miedos preconscientes.

Vamos, que la combinación de elementos que se tienen que dar para que florezca el amor mutuo es tal, que es como que te toque la chochona en la feria, así que más te vale que aprendas a relajarte.

En eso iba yo pensando cuando me crucé con otra chica, que venía llorosa en su unicornio. Pobrecita… tirando su papeleta de la chochona a un contenedor.

A las siete de la mañana de un domingo en las calles de cualquier ciudad solo se ven empleados públicos de la limpieza, algún octogenario paseando al perro y cientos de mujeres llorosas volviendo a casa en unicornio. Creo que en Madrid van a habilitar un carril.

Pero, gracias a Dios, hay otra clase de amigos con derecho. Esa relación que Sí que tiene fines románticos pero que aún no le habías puesto nombre porque os estáis conociendo.

De hecho, así es como empiezan el noventa por ciento de las relaciones hoy en día. Tanto las que acaban en noviazgo como las que se quedan por el camino.

Tú conoces a alguien y empezáis a salir… ¡Pero no puedes llamarlo «salir» de entrada! No puedes decir «estamos saliendo». Eso es demasiado comprometido, tienes que decir que estáis… ¡quedando! Eso. Mucho mejor. Quedando. Ojo, que este no es un tema menor. En esta etapa de la relación hay que tener mucho cuidado con lo que se dice. De hecho, se la llama amistad con derecho porque tienes derecho a permanecer en silencio y a que todo lo que digas pueda ser utilizado en tu contra.

Hay que elegir con precisión quirúrgica cada término que utilizas para que el señorito no entre en pánico…

Pero vamos a ver, si se trata de ser exactos en el uso de los términos, «salir» es un verbo del castellano de toda la vida, que sirve para identificar la acción de pasar de estar dentro a estar fuera. Si yo para ir contigo a cualquier sitio, tengo que salir de mi casa, perdona, pero en el momento en que cruzo la puerta: yo estoy saliendo. Si YO salgo, y TÚ también sales, NOSOTROS salimos. Ya está. Fin. No hay que retorcerlo más. ¿Os queda claro? Lo repito: Salir es un verbo que identifica la acción de pasar de dentro a afuera. No tiene más. Es de primero de Barrio Sésamo. «Dentro-fuera». «Dentro-fuera». Sí, vale, también hay otro verbo para identificar esa acción…¿Pero no puedes pasar ni un segundo sin pensar en lo único?

A lo que iba, que tú solo pretendes seguir usando el castellano como lo has usado siempre. Pues no puedes. Porque él podría pensar que te estás refiriendo a que «estáis saliendo» como pareja, y eso es ponerle nombre a lo vuestro demasiado pronto, y por lo visto te conviertes en una especie de psicópata obsesiva que quiere pillarle.

A ver, muchacho, si estás convencido de que todas las mujeres te quieren pillar, el desequilibrado eres tú, que eres el que tiene la manía persecutoria.

Yo no quiero ofender a nadie, pero hay cada infeliz por ahí… de un subidito… solo porque le han dado un pene…

Vamos, que solo les falta ir por la calle dándole vueltas en el dedo como si fuera un llavero para que la gente se lo vea.

—Mira lo que tengo… Lo flipas, ¿eh?

Que es para decirles:

—¿Pero tú qué te has creído? Métete el pene por el cu… Bueno, eso es un tanto inviable, pero tú me entiendes. Que te lo metas por donde te quepa… Que visto lo visto podría ser por un dedal.

Vale, sí, eso ya ha sido humillar por humillar. Pero ya que sale el tema… A lo mejor es un buen momento para aclarar de una vez por todas esa duda existencial que tienen los tíos y que tanto los mortifica. Así les compenso del bochorno que van a pasar como alguien los pille leyendo este libro.

Allá voy… ¿El tamaño importa? Pues…

¡Sí, ya sé lo que estás pensando! ¿Pero vas a desvelar algo tan importante, así de tapadillo? ¿Sin ponerle un título encima, ni unas negritas ni nada? Pues sí. Así soy yo… humilde. Pero tienes razón, vamos a darle un poco de bombo. ¿El tamaño importa? Redoble de tambor… ¡Tatatachaaaán! Pues, mira, depende… Si la tiene grande, no.

Y ahora, ¿podemos seguir a lo que estábamos? De verdad, es hablarte de penes y pierdes el sentido. Así se crecen ellos luego… Los tíos, quiero decir, no los penes. A ver, los penes también… Algunos, no todos… ¡Bueno, basta!

El caso es que empiezas a salir con un tío con el que no estás saliendo. Asumes no usar el verbo «salir» hasta que realmente responda a la expresión «salir juntos como pareja». ¿Pero eso cuándo es? Porque cuando tú llevas seis meses durmiendo con él todas las noches, sacando a su madre a comer los domingos y donándole riñones a su padre, si se te ocurre preguntarle:

—Oye, ¿estamos saliendo ya?

Él te dirá:

—¿Eh?

Y a continuación te soltará una de las frases míticas del hombre contemporáneo:

—Tú y yo no tenemos nada.

«¡¿Que no tenemos nada?! ¡Perdona, no tendré nada yo! ¡Tú tienes dos huevos como dos repollos!».

Esto es lo que deberíamos contestarle, pero no lo hacemos, ¿por qué? Porque en realidad nunca le hemos llegado a preguntar si estamos saliendo ya. ¿Por qué?

Porque tú llevas seis meses convenciéndote a ti misma de que tú tampoco quieres darle nombre. Tú estás fenomenal así… Supermoderno todo.

Ojo, que no estoy diciendo que una mujer no pueda tener un amigo con derecho a roce sin enamorarse de él. Es lo que ya dije en «El rollo de una noche». Blancanieves puede ser superamiga de los enanitos y, además tirárselos sin problema. Lo que no vale es convencerte a ti misma de que el príncipe es un enanito más para adaptarte aål hecho de que el príncipe en cuestión solo quiere sexo. Y es una paradoja, porque si el príncipe solo quiere sexo, efectivamente no es un príncipe, es un enanito más, así que no necesitas autoengañarte con que es un enanito, porque lo es, solo que uno al que no deberías tirarte. Te has hecho un lío, ¿no? Pues exactamente así es como está tu cabeza después de dos meses de salir…, ¡perdón!, de «quedar» con Luis.

(Quien dice Luis, dice Paco. Cada una que ponga el nombre del suyo. Yo digo Luis por no decir Miguel. Ains… ya se me ha vuelto a escapar. Se me da fatal esto de preservar intimidades ajenas).

El caso es que llevas dos meses convenciéndote a ti misma de que tú tampoco quieres darle nombre. Es más, te has dado cuenta de que esto de la amistad con derecho tiene un montón de ventajas; por ejemplo, ¡no puede ponerte los cuernos! Porque como no estáis saliendo…

Hasta miras con lástima a las infelices de tus amigas que tienen novio, porque a ellas sí que les pueden poner los cuernos.

Tú te enteras de que tu «amigo» está con veinte más y no tienes nada por lo que sufrir… ¡Chollo!

Bueno, que te enteras, ¡si te lo cuenta él! Y como estás alienada por la modernidad, pues tan contenta...

Sin embargo, alguna parte de tu cerebro inconsciente debe olerse que se la están colando, porque por alguna extraña razón desconocida duermes raro... Sí, no paras de dar vueltas en la cama. Y en una de esas vueltas, ¡zas! Allí está Punset acostado a tu lado:

—¡Dios mío, qué susto! ¿Qué haces aquí? No te necesito para nada. Estoy mucho mejor sin ti.

Y él, sin inmutarse:

—¿Sabías que el autoengaño es una mentira inconsciente para que el otro no nos pille? Si nos creemos nuestro propio embuste es mucho más fácil engañar al otro.

—Madre mía, qué cruz. ¡Maldita la hora en que caí en tus redes! —Qué bien traído, ¿eh?

Y él a lo suyo:

—Es curioso, porque lo natural es que sea la hembra la que da largas al macho, pues es la que tiene más que perder en el caso de...

—¡Que me dejes en paz! Que yo no soy una hembra, soy una mujer moderna, a ver si te enteras...

Y él:

—¿Sabías que el hipocampo cerebral se daña cuando es sometido a largos períodos de estrés?

Ahí ya te pones histérica y empiezas a patalear en la cama.

—¡Que yo no tengo estréeeeees! ¡Que solo somos amigos!

Y por no verle más te das la vuelta hacia el otro lado y... ¡ah! Te encuentras a un señor con barba que te dice:

—Desencadenar el proceso del estrés de forma sistemática aumenta las posibilidades de enfermar...

Con esto ya flipas. Te vuelves a Punset y le susurras:

—Bueno está que tú no me dejes en paz... ¡Pero que me metas a tus amigos en la cama sin avisar...!

Y él:

—Es Sapolsky, un reputado científico americano, por si te daba más credibilidad…

No debería hacer falta que viniera Punset ni ningún amigo suyo a obligarte a reconocer la realidad. Si lo vuestro sabe a relación, huele a relación y, sobre todo, DUELE a relación… ¡es una relación! Da igual como lo llames. Prueba a inflarte de donuts diciéndote a ti misma que son berenjenas. ¡Ya verás cómo te pones!

Y yo sé que ahora puedes estar pensando que soy una antigua, o una estrecha de mente, porque tú tienes una relación de amigos con derechos perfectamente saludable en la que no hay ningún tipo de enganchón ni de autoengaño por parte de ninguno de los dos. Pero yo no digo que no sea posible, ¡por supuesto que sí! Solo te animo a tener la valentía de descubrir si ese es realmente el caso. Vamos, si estás siendo una loba de verdad o una loba de los chinos, o sea, una caperucita disfrazada de loba.

Tranquila, para descubrirlo basta una sencilla prueba. Si solo sois amigos y estás tan relajada, me imagino que cuando el tío te dice que te va a llamar y no lo hace, no pasa nada…, ¿no? Reaccionarás con total naturalidad…

— Ya me llamará mañana como cualquier colega…

¡JA, bonita! ¡Tú montas un dramón de aquí te espero! No delante de él, por supuesto. De hecho, a él le pones este whatsApp locuelo y desenfadado:

—Hey, que se te pasó llamarme, ¡cabeza loca! Ja ja ja ja ja.

Pones tantos «Ja ja ja ja» que ya se te descolocan las letras, «Ja ja aj aj aj ja aj». ¡Ya no son carcajadas, son arcadas!

Y luego veinte emoticonos de esos que lloran de la risa.

Pero vamos a ver, desgraciada, mira otra vez el mensaje. Observa esos veinte emoticonos que se mueren de risa… ¿de quién crees que se ríen? ¡¿A quién están mirando fijamente?!

Si insistes en reprimir tus verdaderas emociones ante el hecho de que no te haya llamado, al menos no sobreactúes. Puede que se trague que no te ha molestado que no te llame, ¡pero lo que no cuela ni de coña es que te parezca tan gracioso! ¡Sencillamente porque no lo es!

El acontecimiento en sí no tiene ningún valor humorístico intrínseco. Si lo tuviera, los humoristas no escribirían chistes, les bastaría con decirles a sus espectadores que los van a llamar y luego no hacerlo. Y todo el mundo partido: ¡Qué bueno es este tío, no puedo con él! ¡Para, por favor! ¡Para de no llamarme que no puedo respirar de la risa y me va a dar algo!

¿Sabes lo único realmente gracioso de que el tío no te llame? ¡Que te afecte tanto! ¡De eso es de lo que tendrías que reírte!

Pero para poder reírte de ello tienes que saber primero por qué te pasa. No te pasa porque seas idiota, te pasa por una serie de cosas que ocurren en tu cuerpo cuando te gusta alguien, y de las cuales no podrás defenderte con el arma del humor si ni siquiera sabes que te están pasando.

Por eso el proceso de transformarte en loba es el del autoconocimiento. Porque el entender que lo que te ocurre tiene una explicación completamente razonable biológicamente hablando, hace que dejes de sentirte idiota o culpable por ello, y por lo tanto puedas liberarte de la carga de ridículo que supone explicarle a él con total naturalidad cómo te sientes cuando no te llama.

El problema es que como él no ha hecho ese trabajo de investigación, tú tienes miedo de que te malinterprete y piense de ti todas esas cosas que tú también pensabas de ti misma hasta que empezaste a convertirte en loba. De modo que tienes que explicárselo tú, pero de una forma natural y divertida, para que no se sienta agredido y que a la vez se dé cuenta de que eres una mujer inteligente, madura, moderna, y a ser posible sexy.

¿Misión imposible? No. Yo lo logré. Le senté y le dije:

—Verás, cariño, te cuento… Es que la dopamina es una hormona que fluye anticipándose a los hechos ante la mera expectativa de placer, con lo cual si tú me dices que me vas a llamar y luego no me llamas, me pones en marcha un proceso químico cuyos efectos son muy difíciles de revertir.

Y él:

—¿Eh?

Y tú:

—¡¡Pues que si me dices que me vas a llamar me llames!!

Y él:

—Uy, uy, uy… Ya me estás agobiando. No me gusta el andar de la perrita.

¡Y ahí es cuando te sale toda la mala leche acumulada que has estado reprimiendo!

—¡Mira, imbécil, por tu culpa tengo la serotonina por los suelos y el cortisol por las nubes! Así que no me toques las narices porque tendrías que estar dando gracias a Dios de que espere tus llamadas en vez de mandarte a la mierda, y de que encima te lo explique científicamente mientras te acaricio el brazo, porque me ha dicho Punset que las caricias activan la ínsula cerebral provocando sentimientos de placer. ¡Cuando lo que de verdad me apetece es activarte la ínsula de una hostia!

Ahí ya se calla. Que una podría pensar que está reflexionando. Pero no, solo está esperando a que se te pase el cabreo para decirte:

—Bueno, ¿qué? ¿Podemos follar ya?

¿Y sabes que es lo peor? ¡Que tú te alegras! Porque en el mismo instante en que perdiste los papeles empezaste a flagelarte.

—¡Tanto tiempo reprimiéndome y controlándome para echarlo todo a perder con mi histeria!

Y en vez de estar esperando que él reflexionara te estabas cagando viva.

—¡Si es que es todo culpa mía, que no soy moderna!

Así que cuando compruebas que él no se ha enfadado contigo ¡te alegras! ATENCIÓN: ¡Te alegras de que él no se haya enfadado contigo porque tú te hayas enfadado con él por lo que ÉL te había hecho a TI!

Tómate el tiempo que necesites para analizarlo. Luego decimos que la gente juega con nosotros. No. Es nuestra mente la que lo hace. Te has vuelto tan loca que cuando compruebas que él no se ha enfadado contigo porque te hayas enfadado tú con él, te parece un regalo por su parte. Es más, en agradecimiento, no vuelves a recriminarle nada en seis meses.

¿Y él cómo ha vivido todo esto? Como un arrebato que te dio y que se te pasó solo, porque nadie les ha explicado jamás este proceso interno, de modo que se acostumbra a pensar que tienes arrebatos injustificados que se te pasan solos si no les hace caso.

¿Y qué dices tú entonces? ¡Que simples que son los hombres! No. Los hombres no son simples, los hombres actúan con simpleza cuando tu miedo a perderlos no los obliga a más.

Toma ya… Deberíamos acabar aquí el capítulo porque esto último es para ir a echarse una siesta, ¿no?, pero aún queda jugo que sacarle al amigo con derecho.

Bien, estamos en el punto en que acabas de alegrarte de que él no te deje por haber tenido un amago de loba. O sea, acabas de descubrir que sigues siendo una caperucita. ¿Así que qué haces? Pues tus cosas de caperucita… Estar ahí… enamorada hasta las trancas esperando a que él se enamore. Porque claro, todas sabemos que ellos tardan más en ser conscientes de sus sentimientos. Que ellos son más de irse enganchando poco a poco, sin darse cuenta, como el que se va quedando dormido. Si te precipitas y antes de que se duerma del todo, lo sacudes y le dices:

—¡¿Te has dormido ya?! Se llevará tal susto que ya no se dormirá ni de coña. Se quedará con los ojos como platos porque sabe que en cuanto se duerma, ¡zas!, vendrá el coco del compromiso. Le has alertado de lo que estaba a punto de pasar y ahora pondrá toda su resistencia para evitar que ocurra.

Y ahí viene la gran pregunta: Entonces, ¿qué hago con toda la ansiedad que me produce la espera?

¿Que qué haces? Pues chica, ¡disfrutar de tu despedida de soltera!

¿Te acuerdas de lo que dije en «El rollo de una noche»? ¡Si tan segura estás de que es el hombre de tu vida, y que una vez que formalicéis vais a estar siempre juntos, ¡aprovecha ahora! ¡Que lo de no estar comprometidos vale para los dos!

Ya echarás de menos la libertad cuando no la tengas, ya… ¿A ti no te pasa que estás deseando hacerte un cambio de *look,* y lo tienes clarísimo porque llevas el pelo fatal, hecho un asco…, y justo el día que tienes cita para ir a la pelu te miras en el espejo y ese día te lo ves monísimo? ¿A que sí? ¡Porque de pronto valoras lo que vas a perder! ¡Pues valora tu soltería antes de perderla!

Pero no, como tú estás tan empecinada en que se enamore ya, y tienes que morderte la lengua para no preguntarle cómo lleva el asunto, pues calmas tu ansiedad con las sofisticadas técnicas que están a tu alcance y que todas conocemos.

Por ejemplo, abrir el whatsApp y decirte a ti misma: «Si le pillo en línea… ¡es que me quiere!». Sí, esta es la versión tecnológica del clásico «Si llego a la esquina antes que aquella vieja…».

Vamos a ver… ¿No podríamos dejar en paz el whatsApp y dejar de perseguir a las viejas por la calle e invertir el tiempo de «conoceros» por ejemplo en… ¡Conocerle!?

Ahora, si eres tío, estarás pensando: Pues claro. Lógicamente. ¡Pero es que las mujeres no hacemos eso!

Las mujeres decidimos en el minuto uno que un tío nos gusta. ¡Ya le pondremos nosotras las cualidades que nos vengan bien!

Tú ya te encargas de ponerle los accesorios que debe llevar, como si fuera tu Barbie y listo. Y todo el resto del tiempo de conoceros es para que él te conozca a ti. ¿Nosotras para qué necesitamos conocerle si ya nos lo hemos inventado? ¡Eso es mucho más rápido, dónde va a parar! Por eso se nos hace tan larga la fase de conocernos… Porque tú no estás haciendo tu parte. Tú estás esperando a que el señor inventado te conozca a ti. ¡Y así acabamos coladas por unos imbéciles! Que encima te dirán:

—Nena, no intentes cambiarme…

Que es para contestarle:

—¿Cómo que no? Ahora mismo. Pero por otro.

Te lo digo en serio. La primera vez que yo invertí el tiempo de conocer a un hombre en conocerlo, es la primera vez que pasé yo de uno. Recuerdo que me dijo el tío:

—¿Qué ocurre? ¿Has conocido a otro?

Le contesté:

—No, te he conocido a ti.

Pero cuando eres caperucita, puedes llegar a estar tan empecinada, que si en un momento de lucidez te das cuenta de que el tío no es lo que creías… antes que pasar de él, prefieres… ¡Pasar de ti misma!

Te juro que una vez me dijo una amiga:

—Uff, chica, es un inculto… Noto que no me entiende cuando hablo, así que le voy a tener que dejar…

—Bien hecho.

—No, que le voy a tener que dejar de hablar con tanto vocabulario, porque si no, no le voy a gustar.

¡¿Cómo?! ¡¡¿¿Pero para qué quieres gustarle a un tío que no te gusta a ti??!!

Pues en ese absurdo vivimos. Si hay hasta técnicas de seducción en esta dirección. Te aconsejan cosas como: «Pon cara de interés ante todo lo que te cuente». Vamos a ver, si lo que te cuenta te está cautivando, la cara de interés se te pondrá sola, digo yo, y si no, ¿para qué quieres fingirla? REPITO: ¿Para qué atraer a un tío que no te gusta?

¡Asegúrate de que un tío te gusta de verdad antes de empecinarte en gustarle tú a él! Pero no queremos hacer eso, no queremos descubrir que no nos gusta, ¿por qué?

Porque como nadie controla por quién siente química y no sabemos cuándo la volveremos a sentir, no estamos dispuestas a soltarle. Es mucho más práctico encajar la personalidad de tus sueños en el tío que te ha provocado la química. ¡Y no desistirás! ¡Buena eres tú! ¡Pondrás el mismo tesón que cuando intentas embutirte en un vaquero de la talla treinta y seis! ¡El proceso es agotador y doloroso! ¡Pero no pararás hasta que te consigas poner encima esos vaqueros y ese tío!

Y por más evidencias que él te dé de que no es como tu has decidido que es, tú no estás dispuesta a reconocerlo, así que cierras los ojos y te tapas las orejas a palma abierta, mientras gritas:

—La, la, la, la, la, la, la. Habla chucho, que no te escucho.

Y claro, como tú al tío te lo inventas tan deprisa y sin embargo el tío a ti te conoce taaan despacio, pues se te hace eterno. Normal… Así que, para matar el tiempo, después de haberte inventado al tío en sí, te inventas lo que él siente por ti. Decides que obviamente te quiere pero que el muy empanado todavía no ha caído. Y que como no le eches un cable para que se dé vidilla, vais a estar así toda la vida.

Así que en vez de descubrir si tú le quieres a él, inviertes todos tus esfuerzos en que él se dé cuenta de que te quiere a ti.

Como, por ejemplo, darle celos.

Este es el plan: Quedas con él para cenar, buscas un restaurante con grandes ventanales y reservas una mesa pegada al cristal. Luego le dices a tu amiga que te llame en mitad de la cena. Cuando suena el móvil sonríes mucho, y muy misteriosa le dices a él que tienes que cogerlo, y que mejor te vas a hablar fuera porque hay mucho ruido.

Sales a la calle y te colocas estratégicamente para que pueda verte bien. Ahí haces todas las cosas que has aprendido en aquel curso de lenguaje corporal *on line,* y que, sin duda, significan que estás hablando con un tío que te interesa: Tocarte el pelo, reírte hasta descoyuntarte de todo lo que supuestamente te está contando... (Vamos, te ríes más que cuando se olvida de llamarte, ¿te acuerdas? Pues imagínate...) Y de pronto miras de reojo para comprobar que el tío te está mirando con preocupación, y descubres ¡que él está hablando con la camarera! ¡Y que la tía se ríe todavía más fuerte que tú! ¡Y que la muy p... ta, no para de tocarse el pelo! Así que vuelves a entrar a toda velocidad antes de que te lo levanten.

Lo único que has conseguido es que casi se lo ligue otra, y que encima al día siguiente no te puedas mover de la cama porque como saliste a la calle sin abrigo para que pudiera fijarse bien en tu modelazo, hoy, lo que tienes es un ¡gripazo! (En vez de un novio titulado, que es lo que esperabas tener).

Porque esa es otra cosa que hacemos mucho cuando somos caperucitas. ¡Exhibirnos todo el rato! Como el tío no se decide a entrar a comprar en tu tienda, tú pones un mercadillo en la calle con todas tus cualidades... Y siempre tienes la sensación de que le falta por ver algo de ti que es lo que definitivamente le enamoraría:

—No, es que no me ha visto con la falda azul... Cuando este tío me vea con la falda azul... Aquí van a cambiar mucho las cosas... No, no, espera, es que no me ha visto bailando salsa… No, es que no me ha visto haciendo el pino… ¿El pino? ¡El pino puente vas a acabar haciendo, porque ya estás otra vez como la niña del exorcista! Haz lo que quieras, yo solo te digo una cosa: empecinarte tanto en que un tío termine contigo, al final, efectivamente… acabará contigo.

Pero gracias a Dios llega un momento en que ya has empleado todas tus técnicas subliminales para que se dé cuenta de lo mucho que te quiere, así que ha llegado la hora de preguntárselo y comprobar si han surtido efecto tus tácticas. Claro, porque, aunque lo hayas conseguido, no puedes esperar que te lo diga él.

Antes había una cosa muy bonita que hacía el chico que se llamaba «pedir salir», y que servía para que tú supieras que a partir de ese día podías llamarle cabrón si se enrollaba con otra. Esto ahora se ha perdido.

Y ¿por qué crees que será? Pensemos un poco… Resulta que puede tener exactamente lo mismo contigo sin comprometerse que comprometiéndose. Mmm… Difícil elección…

Así que, si esperas que te diga algo, vas lista. Aunque tenga claro que te quiere, si no preguntas, él va a prolongar al máximo su vida de soltero. Como me dijo un amigo mío:

—Esto es como enseñar las notas a tus padres. Si no te las piden, tú no las sacas.

Pero a todo cerdo le llega su san Martín y ha llegado la hora de decidir si quiere salir contigo. Te dices:

—Se acabó. El que no me ha querido, tiempo ha tenido.

Y se lo preguntas:

—¿Estamos saliendo ya?

Y entonces el tío te sale con:

—¿Saliendo? Saliendo… te refieres a la acción de pasar de dentro a fuera, ¿no?

—No, no, me refiero a salir juntos. A ser pareja. Nos estábamos conociendo para eso, ¿no?

—¿Eh?

No puede ser. Esta vez lo habías hecho bien. Habías aguantado para no meter presión, para respetar sus ritmos… Pero pensabas que estabais en lo mismo, que ibais hacia algún lado… ¡¿Y resulta que te habías subido a un taxi que no había salido de la parada?!

Y él:

—Hombre, si me hubieras preguntado, te lo habría dicho…Yo no soy de los que se enamoran…

¡Me cago en su…! ¡Ahora resulta que efectivamente no se le puede preguntar demasiado pronto si siente algo, pero sí que tenías que haberle consultado si consideraba la posibilidad de llegar a sentir algo! ¡Tócate las narices!

Pero a estas alturas no te vas a rendir. ¡Venga, hombre! No llevas un siglo subida a este taxi para ahora bajarte sin más.

—¡Tú me llevas! ¡Tú me llevas, aunque sea a la ruina! ¿Qué eres de los que no se enamoran? ¡Eso ya lo veremos!

Ahí utilizas la sibilina estrategia que consiste en desaparecer de su vida sin decir nada para que sea consciente de lo que significa vivir sin ti. Así que haces como que te vas… pero de farol. Bueno, de farol y de farola, porque como te marchas mirando todo el tiempo hacia atrás para ver si te sigue, lo más probable es que te acabes empotrando contra una.

¡Si te vas, mira hacia delante! Quizá se dé cuenta de que te echa de menos… pero no va a ser en la próxima media hora. ¡Recuerda que la vida no es como en las películas! Recuerda que en las películas el chico va a por la chica enseguida porque han subtitulado en pantalla: «Seis meses después…» Pero ya hemos hablado de esto. ¡En la vida real, los seis meses te los tienes que comer.

Y si insistes en pensar que la vida es como las películas, recuerda también volver a preguntarte esto: ¿Cómo estás tan segura de que el que estás dejando es el protagonista de tu peli y no el gilipollas con el que sale la prota al principio, antes de que aparezca «el chico»?

Sí, ya sé que ahora no quieres ni oír hablar de esa posibilidad, pero ¿cuántas veces en el pasado tu «chico de la peli» resultó ser el tonto del principio?

No te digo esto para que te deprimas, sino para que renuncies a la ansiedad de que venga a buscarte ya. Quizá lo haga, quizá sea él. Pero quizá no. Y tú dirás ¡es que eso me genera aún más ansiedad! Tranquila, también tengo una brillante solución para esa angustia en los siguientes capítulos. Espera un poco. De momento, adáptate al hecho de que, aunque venga a buscarte, lo más probable es que te toque vivir el subtítulo: «Un año después…».

El problema es que, en tu estado de ansiedad, diez minutos de la vida real te pesan como un año entero. Así que cuando a él todavía no le ha dado tiempo a darse cuenta de que te has ido porque le ha pillado en la ducha o algo, tú ya has vuelto.

Sí, porque como además te ha dicho Punset, que las feromonas, que son las que mantienen enganchado al macho, dejan de funcionar cuando no hay proximidad física con la persona amada… ¡Tienes que volver corriendo!

¡Por favor, ya hemos hablado de esto!

El amor mutuo es como que te toque la chochona en la feria. ¡Si no has sido premiada, tira la papeleta y compra otra para el siguiente sorteo! No te quedes ahí obcecada acosando al feriante:

—¡¿Pero tú has mirado bien? ¿Has mirado bien si no he ganado? ¿No será que tienes miedo a que haya ganado?!

Pero tú te obcecas, claro que te obcecas, porque a esas alturas lo único que quieres es sacarle que sois novios. Durante un segundo, medio segundo, ¡da igual! Es como cuando llevas cinco años estudiando una carrera insoportable…

Después de todo el esfuerzo y todo el tiempo perdido, ¡tú solo quieres sacarte el puto título!

En fin, todas hemos tenido amigas en esta situación patética. Nosotras jamás, por supuesto. Claro que no, porque si tú insistes, es porque tú tienes un sexto sentido que te dice que al final ese tío se va a enamorar.

Y, efectivamente, a veces pasa. Si tienes la suficiente fe un día puede pasarte lo que me pasó a mí. Que ese tío que te había dicho que era de los que no se enamoran, se plante ante ti, te coja las manos y te diga:

—Siempre pensé que yo era de los que no se enamoran. Por eso he intentado negármelo a mí mismo con todas mis fuerzas, pero... voy a tener que reconocer que al final tenías razón. Me he enamorado.

—¿De verdad?

—Como un idiota. La pena es que tú y yo no podamos vernos más. Como ahora tengo novia...

Ahí entras en *shock* y tardas diez días en responder a estímulos externos. Al final, gracias a Dios, y poco a poco, vas volviendo a la normalidad. O sea, a llorar como una descosida durante seis meses en el hombro de tu amiga:

—¡Desgraciado! ¡Me dijo que era de los que no se enamoraban!

Y ella:

—¿Entonces por qué esperabas que se enamorara?

—¡Pues porque pensaba que al final lo haría!

Y ella:

—Bueno, y lo ha hecho, ¿no?

—Sí, pero de otra...

Y ella:

—Bueno, si ya te pones tan tiquismiquis...

Y tiene razón... No va a salir todo exactamente como tú quieres. Tuviste razón en parte. Ese chico no era de los que no se enamoran. Solo era de los que no se enamoran... de ti.

Así que apréndete esto. Una loba es capaz de preguntar lo que haga falta con naturalidad cuando el cuerpo se lo pida porque está preparada para reírse de cualquier respuesta que reciba y seguir con su vida.

De modo que la próxima vez que te pase esto, antes de pasarte seis meses, un año o dos de tu vida esperando, preguntas. Y si el tío te dice que no siente nada. Lo más probable es que no sienta nada. Llámame retorcida...

¡Así que si te dice eso, sal por patas! Y si lo de atreverte a preguntar es pedirte demasiado porque aún a estas alturas del proceso tienes más de caperucita que de loba, entonces, aplica esta sencilla regla: «Lo que parece, es».

Si eres tío ahora mismo estarás diciendo: «Pues claro». Pero si eres mujer te estarás tirando del pelo y gritando: ¡¿No hay excepciones?! Claro que sí, tranquila. Siempre las hay, pero buscar todo el rato el más mínimo respiradero para que las cosas no sean lo que parecen es una actitud de caperucita yonqui.

Si me prometes que no vas a hacer eso te digo una versión mejorada de la frase «lo que parece, es», que te ayudará mucho y que de hecho responde más fielmente a la realidad. Aquí va...

7
LO QUE PARECE NO SIEMPRE ES, PERO HAY QUE COMPORTARSE COMO SI LO FUERA

Efectivamente, no hace falta que apliques la regla en plan simple: «Lo que parece, es». Eres mujer. Y todas las que nos hemos puesto alguna vez un sujetador con relleno o unas medias compresoras para realzar los glúteos sabemos que lo que parece... no siempre es.

Y además no hay más que ver las películas... En las pelis el chico deja a la chica, pero luego le ves en su casa a punto de llamarla, aunque al final no la llame... Y le ves tirándose a otras... pero sin ganitas.

Y estas cosas demuestran que el chico quiere a la chica. Pero es que en la vida real no tienes acceso a sus escenas, con lo cual, si te las inventas, te puedes meter en unos autoengaños muy peligrosos.

Así que vale, admito que «lo que parece», no siempre «es», pero hay que comportarse como si lo fuera.

Igual que cuando te pones unas medias de esas que levantan tanto el culo que más que nalgas parecen hombreras, tú sabes que en realidad tu culo no está tan arriba, pero te comportas como si lo estuviera. No se te ocurre decirle a tu cita:

—Normalmente tengo el culo más abajo.

Tú das por válido que tu culo tiene la altura que parece.

Pues esto igual. Si por ejemplo ves a tu ex con otra, no te plantees que a lo mejor está pensando en ti mientras se acuesta con ella… Asume solo lo que ves: está con otra, punto. No rellenes a tu favor las escenas de la película que no puedes ver.

Seguro que todas estáis pensando en esa amiga patética que lo hace continuamente.

Que, por cierto, si ninguna de nosotras somos patéticas, ¿cómo es que todas tenemos una amiga así? Sí, tu amiga la patética también tiene otra amiga patética. Y puede que no te guste oír esto, pero… a lo mejor eres tú. Así que todas somos susceptibles de meternos en esta clase de autoengaño del que luego es muy difícil salir.

Que tú empiezas creyendo que controlas, pero luego se te va de las manos:

—Tía, Antonio se ha echado novia. El pobre no sabe qué hacer para no pensar en mí.

Y a los dos meses te dice tu amiga:

—Eh… No sé cómo decirte esto, pero… Antonio se va a casar.

Y tú:

—¿Qué? Madre mía, ¿casarse? ¡Joer, pobre, si que le está costando olvidarme!

Y al año te enteras de que va a tener un hijo, y tú:

—¡Dios mío! ¡Pero este tío está obsesionado conmigo! Pobre hombre, voy a llamarle y a decirle que vuelvo con él.

Y así, básicamente, es como una acaba montando un hostal de carretera y acuchillando a los huéspedes en la ducha disfrazada de su madre.

Así que ya sabes: lo que parece no siempre es, pero hay que comportarse como si lo fuera. Porque si vas a usar la primera parte de la frase como excusa y engancharte de ella como una yonqui, mejor que apliques la máxima al modo simple: Lo que parece, es. Y punto.

Sí, sí, ya sé que aquí ninguna es tan patética como para esnifar por las rendijas de las posibilidades remotas, pero por si acaso.

Y tú dirás, vale, pero si no puedo rellenar las escenas a mi favor, ¿de qué me sirve saber que las cosas no son siempre lo que parecen? Pues solo para evitar rellenarlas en tu contra. En el ejemplo de antes, entiendo que, si ves a tu ex con otra, te afecte y no puedas evitar considerarlo una realidad hiriente, pero párate y di:

—¡No! ¡Me faltan escenas!

Asumo lo que parece, pero no lo juzgo porque sé que me faltan datos. Y tranquila, que como en el caso de la verdadera altura de tu culo, se acabará sabiendo la verdad. Tu ex puede estar saliendo con otra y que tú te eches a morir dando por hecho que está superenamorado de ella, cuando a lo mejor precisamente lo está haciendo para intentar olvidarte y que incluso sea lo que le haga reaccionar cuando vea que no lo consigue.

¡Ojo con no volver a subirte al guindo! Que te veo… Baja, baja… que ya estás otra vez trepando por él… ¡Bajaaaaa!

¿Ves? Se trata de ejercitar la mente para mantenerte en el centro. No juzgar la realidad ni en una dirección ni en otra porque el autoengaño es absurdo siempre, tanto a nuestro favor como en nuestra contra.

Y eso que hasta ahora solo hemos hablado del autoengaño sobre las cosas que de verdad ocurren. Cuando el absurdo del autoengaño toca techo es cuando ni siquiera está basado en hechos reales.

En ese caso, no es ya que interpretemos la realidad en nuestra contra, ¡es que nos la inventamos directamente!

¡Ay!, amiga. Me sé todos los vericuetos de tu enfermizo cerebro… porque es el mío. Tú te metes en Facebook y ves que una tía le ha dado «like» a tu ex, rollo, follamigo, o lo que quiera que seáis, en una foto, y automáticamente ya te los imaginas haciéndolo en todas las posturas. Así que haces clic corriendo encima de fulanita para ver qué pinta tiene, mientras piensas: «Qué bien le va lo de "fulanita" a la muy zorra». Todo esto, mientras le rezas a Dios para que, (y por este orden) pase de los sesenta, sea lesbiana, esté casada o ¡por lo menos «tenga una relación», la hija de la gran p…!

También te digo que lo de que ponga que tiene una relación, tampoco debería tranquilizarte tanto… A lo mejor es con tu novio. Pero bueno, si pone con quién y no es con él, entonces ya… ¿te calmas? ¡Sí, hombre! Te vas a cliquear al tal novio a ver si es más guapo que el tuyo. Y si lo es, ahí ya sí te quedas tranquila, pues la tía no querrá cambiarlo. Pero la calma te dura un segundo porque enseguida te dices:

—Pues si esta tía tan chunga se ha ligado a este tan guapo, ¿por qué no se va a ligar a mi novio que es más feo que él?

Menos mal que te contestas:

—Pues porque no querrá cambiarlo, ¿no te acuerdas?

—Ah, vale.

Pero no creas que te quedas del todo conforme porque… ¿y si es el novio el que la deja a ella? Así que te metes en el muro del novio a ver si tiene amigas que estén más buenas que su novia… ¿Sabes lo mejor de estas barrenas? Que después de siete u ocho horas llega el momento en que ya no recuerdas cómo empezó todo y al final te duermes.

A mí el universo me envió un mensaje muy evidente para que me riera de mí misma y del patetismo de estas actitudes. La anécdota fue toda una caricatura de mis peores temores hechos realidad. Me tuve que reír. No te la puedo contar porque es verídica y tan reconocible que el chico iba a identificarla en el acto… pero desde luego es para contarla.

Me metí en su Twitter y vi que había publicado un tweet que ponía:

—Me ha encantado conocerte @menganita.

Por supuesto, inmediatamente, busqué a la tal @menganita. Me imagino al universo en ese momento sonriéndose y diciendo:

—Te vas a cagar…

Resultó que @menganita era una estrella del porno. ¡¡Una estrella del porno!! Una estrella del porno que, además, le respondía:

—Te followeo.

¿¿Cuántas posibilidades había en la vida de que el chico que me gustaba conociera a una estrella del porno y que además ella le dijera que lo iba a «followear»?? Pues así fue. Tal cual. ¿Entiendes ahora por qué no podía contártelo? Porque el chico en cuestión me hubiera pillado al leer la anécdota. Si no, te la hubiera contado, te lo juro.

Ay. Los celos son una cosa terrible. No hay ningún tipo de tío ni ningún estadio de la relación que te evite la angustia de los celos. Cuando eres la novia te obsesiona la ex y cuando eres la ex te obsesiona la novia. Lo peor es cuando estáis saliendo, pero no sois novios, porque ahí te preocupan todas: las nuevas, las antiguas, las actuales y las futuribles.

Y las redes sociales han venido a hundirnos del todo. Ahora es imposible no ser conscientes de la existencia de todas esas mujeres. ¡Y con foto! Para que te destroce el fantasma de las comparaciones.

Obviamente, cuando te planteas si otra mujer es guapa, fea, gorda o flaca siempre es en comparación contigo: más guapa que tú, más delgada que tú… Y esto pone en un terrible brete a todos tus amigos y familiares. ¿Qué por qué? ¿En serio? ¿Es que nunca has sido amiga o familiar de alguien? Ese momento en que llega tu amiga y te enseña la foto de la ex de su novio, o de la nueva novia de su ex, o del nuevo rollo de su ligue o del nuevo ligue de su rollo, y te dice:

—Mira esta tía. ¿Qué te parece?

Aquí hay tres posibilidades. Primera, que sea un adefesio. Objetivamente y sin paliativos. Eso es lo que tú querrías para quitarte el marrón, y lo que tu amiga te suplica con la mirada que digas. Es cutre, superficial e indigno de ambas basar el atractivo de una persona en su físico, ¡pero se trata de sobrevivir! ¡Ella a la angustia y tú al brete!

Desgraciadamente, la opción de que la muchacha sea un adefesio no se da casi nunca porque en Facebook todo el mundo cuelga la mejor versión de sí mismo y es muy difícil que de quinientos *selfies* no le haya salido uno decente.

Lo más probable es que la chica sea, más o menos, como tu amiga. ¿Y entonces qué haces? Lo que te pide el cuerpo sería soltarle:

—Pues, chica, es del montón. Como tú.

¡¡Pero no puedes decirle eso!!

La tercera posibilidad es que sea un pibón manifiesto: si es muy objetivo lo más probable es que aquí tu amiga te diga directamente.

—Es guapísima, ¿verdad?

Con esto te está diciendo que necesita que seas tú la que niegue la realidad. Porque está feo que lo haga ella. Ya lo hará por ti algún día, para eso están las amigas. Pero esto tiene su riesgo, ¿eh? Porque hay «amigas» que se pasan el código por las narices y en vez de decirte:

—¿Guapísima? ¿Pero qué dices?

Te dicen cosas como:

—La verdad es que sí que es mona…

¿¿Perdona?? ¿Me estás contestando lo que realmente piensas y no lo que necesito oír?? ¿Pero qué eres, un tío?

En estos casos yo tengo un truco para no pasarme ni quedarme corta —estoy pensando que de lo que me voy a quedar corta es de amigas en cuanto saque el libro—. En fin… Todo sea por ayudarte, que al fin y al cabo has pagado. Voy: la respuesta perfecta es:

—Eh… ¿Guapa? No más que tú.

Lo malo es que ahí tu amiga se viene un poco arriba:

—Ay, boba, dices eso porque eres mi amiga.

Y tú insistes, claro:

—No, hombre, es que es verdad, por favor. —Y ya se te llena la boca—: Además, tú tienes mucha más clase… y… y… y…

Y cuando te quieres dar cuenta estás sacándole defectos absurdos a la hija secreta de Claudia Schiffer y Angelina Jolie:

—Además, tiene los ojos superseparados, fíjate… Y los brazos muy cortos, ains… qué grima.

Nota para los tíos: Que quede claro que no estoy reconociendo que las mujeres busquemos taras absurdas en otras mujeres para autoafirmarnos, ¿vale? Solo en este caso, y como parte del protocolo de primeros auxilios emocionales a tu amiga.

En el resto de casos, si decimos que una tía buena tiene los ojos demasiado separados es porque es verdad, os pongáis como os pongáis.

El caso es que todo esto te lo podrías ahorrar si tu amiga trajera el trabajo de autoengaño hecho de casa y según sacara la foto del pibón ya te dijera:

—¡Mira qué feeea!

Ahí demostraría que es ella la que tiene los ojos separados, pero separados de la realidad.

¿Cómo puede la gente engañarse tanto? Cuando pasa todo esto, dices:

—Dios mío, no permitas que yo ponga nunca en este aprieto a mis amigas.

Pero tú jamás podrías hacer eso, porque tú SÍ estás buenísima, no como ellas. Así que cuando tú le enseñas a tu amiga la foto de la exnovia de tu nuevo ligue, afirmando: «Mira que chunga», lo haces sin complejos porque en este caso es obvio que es verdad.

Y ahí es cuando te caes con todo el equipo. A mí, ¡mi propia madre! me ha llegado a hacer lo de la amiga cabrona:

—No, hija. Hay que reconocer que es una chica muy atractiva.

Y tú:

—¡Uy, lo que me ha dicho!

Y ella:

—Pero, bueno, ¿quieres que sea sincera o no? A mí me alegraría que la ex fuera guapa y que ahora estuviera conmigo. Eso significaría que sabe elegir y que tiene buen gusto.

¡Pero tú no quieres que tenga buen gusto, quieres que su ex sea más fea que tú! Y entonces es cuando tu madre te recuerda que ser tan superficial es indigno de ti, y que te estás comportando como un niñata. Con lo que ya estallas, claro:

—¿Niñata, yo? ¡Rebota, rebota y en tu culo explota!

Bueno, pues todo este infierno va a desaparecer cuando te conviertas en loba. Por fin te vas a librar del fantasma de las comparaciones. ¿Sabes cómo me pasó a mí? ¡Viendo un documental de animales! Te cuento mi epifanía por si te sirve.

¿A que nunca jamás podría despertarte celos que tu pareja alabara la belleza de, por ejemplo, una gata? ¿Sentirías menoscabada tu autoestima? ¿Te sentirías ninguneada o infravalorada? Si le parece bonita una gata, ¿se te ocurriría ponerte celosa y decirle:

—¡¡Pues yo tengo más pelos en el bigote y a mí nunca me dices nada!!

¿A que no? Reconoces que estarías enferma, porque simplemente tú no eres comparable a una gata. Pertenece a otra especie animal y, por tanto, asumes que no hay semejanza posible. ¿Hasta aquí de acuerdo? Pues equipararte con cualquier otra mujer es igual de absurdo que hacerlo con una hembra de otra especie, porque cada mujer es un ejemplar tan absolutamente único que por sí sola constituye una especie singular, de la cual es el único ejemplar. Aunque lógicamente te parezcas más a otra mujer que a una gata las diferencias siguen siendo tan abismales que la comparación sigue siendo imposible. La trampa es que según vamos teniendo más rasgos en común con algo, más creemos que somos comparables a ello. ¡No! No admitas ser comparable absolutamente a nada ni a nadie por más que se te parezca, porque entonces estarás perdida.

¡No admitamos grados! Sintamos que somos tan incomparables a cualquier a otra mujer como lo somos a una gata, a una flor o a una puesta de sol. Ya sé lo que crees:

—Vale, sí, lo que tú quieras, muy místico todo… ¡pero es que una puesta de sol no me va a quitar el novio y la zorra de su compañera de trabajo, a lo mejor sí!

Vamos a ver: Punto uno: si es una zorra es otra especie animal. ¡Y habíamos quedado que en ese caso es absurdo agobiarse! Y punto dos: ¡¡Que te deje o no tu novio es absolutamente secundario con respecto al hecho de que tú consigas dejarte en paz a ti misma de una vez!! Sinceramente, me extrañaría que un hombre dejara a una mujer que ha alcanzado el grado de libertad interior que te propongo. Y si lo hiciera, me extrañaría aún más que a esa mujer le importase.

Dejando claro que las comparaciones, no es que sean odiosas, ¡es que son imposibles!, lo que sí puedes y debes hacer es intentar ser la mejor versión de ti misma.

Cultiva aquello que nadie más puede tener, lo que te hace insustituible, y el que se enamore de eso solo podrá estar contigo. Si inviertes todo tu tiempo en construirte a ti misma la gente llegará atraída por el aroma que desprendes. No se trata de aprender a cazar mariposas, sino de convertirte en flor para que las mariposas vengan libremente a posarse sobre ti.

¡Toma, toma, toma…! Qué bonito me ha quedado. Te dejo hacer un meme y subirlo a Facebook. No, ¿eh? ¡Ni se te ocurra! Que luego dirán que es de Paulo Coelho…

En fin. Después de tomar un poquito de aire y darnos un poco de caña entre nosotras, volvamos a los tíos. Necesitaba un pequeño descanso después del último para coger fuerzas.

8
TÍO NÚMERO TRES.
EL FLIPADO

El caso es que cuando llevas tantos tíos seguidos incapaces de sentir nada profundo por ti, eres tú la que empieza a sentirse profundamente imbécil de elegirlos siempre mal. Menos mal que ahí está Punset para iluminarte. Mucha atención, porque al fin vas a entender la razón de tus malas elecciones... Cuando yo lo leí, me quedé muerta: Ahí va: «Nuestro sistema de percepción visual, al contrario que el del resto de animales, solo se activa con lo que está acostumbrado a ver. En otras palabras, vemos lo que esperamos ver».

¡¿Entiendes lo que esto significa?! ¡Como creemos que todos los tíos son unos capullos, ya solo vemos a los capullos! ¡No es culpa nuestra! ¡Es nuestro sistema de percepción visual! ¡Porque somos humanas! Si fuéramos de cualquier otra especie animal no nos pasaría esto... ¡Claaaaaro! ¡Por eso las «zorras» ven a los buenos..., los destrozan, los convierten en capullos, y ahí es cuando los ves tú.

Encajaba todo como un puzzle sideral. A mí esta información me cambió la vida. Porque pensé: Si el problema es que solo vemos lo que esperamos ver, a lo mejor la solución es tener un poquito de fe. Confiar en que ahí fuera puede haber algún tío que valga la pena. Y, de este modo, conseguir ampliar nuestro sistema de percepción visual.

¡Y eureka! Cuando decides olvidar tus malas experiencias, y volver a exponerte a pecho descubierto, compruebas que quitarte la caperucita era imprescindible para encontrar el amor. Es quitártela y brotar ante ti ese chico que no habías visto. Mientras tú tenías encima la caperucita es como si él llevara otra: la capa de invisibilidad de Harry Potter. Cuando te quitas la tuya, él hace lo mismo, y por fin puedes verle. Allí está... Delante de ti... Por fin ha aparecido...

EL FLIPAO.

Se llama Nacho. Bueno, no siempre. Yo te digo el mío. No vayas a dejarlo escapar porque no se llame así, que cuando te pones literal...

El flipao es una maravilla. Es ese tío que está loco por ti, no te deja ni a sol ni a sombra, está todo el rato diciéndote piropos... Te llama guapa tantas veces al día que te hace sentir como un paso de Semana Santa. Vamos, que lo flipa contigo. Cuando lo flipas tú es cuando de pronto, desaparece. Sí, sí. Así, sin previo aviso. En medio del flipe.

El flipado es como un smartphone con 4G y cuatrocientas aplicaciones, pero con una batería de mierda que se le agota enseguida. ¿Cómo no se le va a agotar si te llama cada dos segundos?

—Oye, que voy a comer a un chino, oye, que ya salí del chino, oye, que ya estoy cagando en chino...

Por eso cuando desaparece lo notas de inmediato. Apenas pasados diez minutos sin que sepas nada de él, ya dices:

—Uy... esto no me huele bien. Se me está descarriando.

Por supuesto tú te resistes a comunicarte porque no quieres que se vuelvan las tornas. Te ha costado mucho tener el poder y no piensas soltarlo.

Pasa un día entero y nada. Te vas a la cama, nerviosa, pero aguantas. A la mañana siguiente ya empiezas a temer seriamente que se le haya pasado el flipe, momento en el cual, en una suerte de asombrosa coincidencia, a ti te empieza a entrar un amor profundísimo, también conocido científicamente como empecinamiento común. Porque hasta ese momento tú ni siquiera tenías claro si él te gustaba. En realidad, lo único que te gustaba de él, era que tú le gustabas a él.

Recuerdo que cuando conocí a Nacho, se lo conté a una amiga:

Y ella:

—Ah. ¿Y cómo es?

—Maravilloso… Dice que soy guapa, simpática, inteligente…

Y ella:

—Todo eso ya lo sé. Te he preguntado cómo es él, no tú.

Ahí te das cuenta de que tu amiga tiene razón. Todas esas son cualidades tuyas, no suyas. Normal que le gustes. Pero ¿qué cualidades aporta él a la relación? A veces estás tan harta de que no te valoren que no te planteas qué pone el tío. Con que ponga… los ojos para ver lo que vales tú, te conformas. Te conformas y te empecinas.

Así que cuando llevas dos días sin saber de él ya te estás subiendo por las paredes.

—No me puedo creer que me haya vuelto a pasar.

Y tu amiga:

—Tranquila, tía, tranquila. A lo mejor no ha pasado de ti. A lo mejor… ha tenido un accidente.

Y tú:

—¡Ay, ojalá! ¡Dios te oiga!

Sí, no te hagas la escandalizada porque esto nos pasa a todaaas. Reconócelo, que estamos solas. De hecho, es la prueba irrefutable de la profundidad de tus sentimientos: Si prefieres que un tío haya tenido un accidente a que no te esté llamando porque no le da la gana... Eso es amor.

Sin embargo, lo del accidente casi nunca se da. Tu compi solo te lo dice para animarte. Pero alguna vez ha pasado. A mi amiga Vivi, un tío dejó de llamarla, y luego resultó que estaba en coma. Que como yo le dije:

—Qué menos. Después de dos meses sin llamarte, el muy cerdo.

Qué duras somos para los novios de las demás, ¿verdad? Al tuyo le justificas cualquier cosa, al de tu amiga solo te falta arrancarle el respirador y decirle:

—Ya te vale... Que saliste del coma ayer y no la has llamado hasta hoy. Y tendrás los brazos rotos, pero para poner un whatsApp con los pulgares te llega.

Yo creo que todos nuestros problemas se arreglarían si nos intercambiáramos los tíos y cada una pusiera los puntos sobre las íes al novio de otra. ¡Los tendríamos a todos firmes en medio minuto! ¡Podríamos jugar a una especie de «amigo invisible» de enderezar cabrones! Cada una coge un papel y se encarga de poner en su sitio al novio de la amiga que le haya tocado. Yo, desde luego, esta Navidad lo voy a proponer en mi grupo de amigas. Oh.... ¡Piénsalo! ¡Si nos organizáramos podríamos poner a todos los tíos en su sitio a nivel mundial! ¡Tú podrías encargarte del chino por el que estarías colada si hubieras sido china! ¡Y la china podría encargarse del tuyo!

Podríamos hacer eso... o lo que estamos haciendo al leer este libro. Convertirnos todas en lobas y encargarnos cada una de nosotras mismas, aprendiendo a gestionar nuestra propia vida como gestionaríamos la de nuestra mejor amiga.

Y cuando todas nos hayamos convertido en lobas, ¿sabes qué más deberíamos hacer? ¡Un convenio! Siempre lo he creído. Si hay tanto jeta suelto es porque hay tías que se lo consienten. ¡En esto tenemos que estar unidas! Una sola no hace nada. Si tú te plantas, pero él sabe que hay otra que le va a permitir lo que le da la gana se va a ir a por ella. Si hacemos un convenio colectivo y ninguna mujer ama por debajo de los mínimos fijados, ¡ganamos todas! Cuando vean que no se comen un rosco, los capullos tendrán que cambiar, porque no les quedará otra.

¡¿Lo hacemos?! ¡¿Lo hacemos?! Voy a ir redactándolo y lo añado al final del libro. Tú sigue leyendo, que para cuando llegues allí, ya lo tienes.

Retomamos por donde íbamos. Decíamos que, a día de hoy, y a falta del convenio que me acabo de inventar y que ya estoy redactando, tú eres muy dura con los novios de tus amigas pero que con el tuyo la cosa cambia.

Así que cuando el tío lleva una semana sin llamar, te sigues aferrando a la más mínima posibilidad que lo justifique.

Aprovechas que tu hermano es tío para preguntarle:

—Oye, ¿tú alguna vez has tardado una semana en llamar a una tía que realmente te gustara?

Y él:

—No.

—Ya… Pero… ¿Ni siquiera como táctica para que la tía se enganche?

—No.

—¿Aunque quieras comprob…?

—No.

—Déjame acabar, jolín, no te ciegues. ¿Aunque quieras comprobar si ella te llama a ti porque es que siempre la llamas tú?

Ahí ya dice:

—Pues no sé… a lo mejor…

—¡Yupi!

Y él:

—Pero vamos, no más de tres días.

—¿Solo? Hombre, cede un poco…

—Uff… como mucho cuatro.

—¿Y si ponemos que esa semana has tenido mucho curro? ¿Me lo subes a cinco? ¿Cinco días sin llamar? ¿Oigo cinco?

Y él:

—Pues… sí, supongo que podría ser…

Y tú:

—¡Genial, gracias!

Y allí te quedas, echando cuentas. Que solo te falta el ábaco.

—Vamos a ver… Le he sacado cinco días…. Más hoy, que no cuenta porque aún no ha acabado, y el lunes que fue festivo… ¡Listo! Esto suma un total de siete días de margen que puede tardar en llamarte un tío sin que eso signifique que pasa de ti. Y que mira tú por donde, es exactamente lo que lleva el mío. ¡Me cuadran los números! Uff…, menos mal. ¡Me quiere! Lo que ha costado.

Y en medio de este desquiciamiento progresivo, ¿sabes lo que te dice Punset? ¡Punset! ¡Que es el que te había animado a ampliar tu sistema de percepción visual! ¡El que te hizo creer que tu entrega y buena disposición tendrían recompensa! Pues que el problema es que te habías hecho demasiadas ilusiones con ese chico porque habías caído en la falacia del jugador.

¿La falacia de qué…? Por lo visto, la falacia del jugador es la creencia errónea de que, si tú has lanzado una moneda al aire veinte veces y las veinte veces ha caído cara, en algún momento tendrá que caer cruz. Parece lógico pensar que debería ser así, ¿verdad? Pero es mentira, porque cuando tú lanzas una moneda al aire, las posibilidades vuelven a ser siempre del cincuenta por ciento.

¡¿Qué quiere decir esto en términos reales?! ¡Que te puedes pasar la vida de cabrón en cabrón sin que te toque uno bueno!

Pero yo no estaba dispuesta a que me hubiera vuelto a tocar la cruz. ¡¡Este estaba loco por mí!! Así que mandé a Punset a dormir al sofá y decidí pensar por mí misma.

Después de toda la noche dándole vueltas, por fin ¡vi la luz! Y claro, llamé corriendo a mi amiga:

—Tía, ya sé lo que fue. Que el otro día, me fue a dar un beso, y cuando me apartó el pelito... ¡vio que tengo las orejas de soplillo!

Y mi amiga:

—Pero ¿qué dices, tía? ¿Estás tonta?

Y yo:

—Tonta, ¿por qué? ¿Porque no tengo las orejas de soplillo o porque no crees que sea por eso?

Y ella:

—Tía, que no puede ser por eso...

Y yo:

—Ah, o sea, que sí tengo las orejas de soplillo...

Y ella:

—¡Pero tíaaa! ¿Tú te estás oyendo?

—¡Cómo no me voy a oír con estas orejas de soplillo que parecen dos antenas parabólicas!

Como quizás os habréis dado cuenta, el nivel de «pavo» que has alcanzado en un asunto se mide por la cantidad de veces que tu amiga te dice «tía» en una conversación. Sabes que has tocado fondo cuando ella ya no te da argumentos. Solo te suelta:

—¡Pero tí-aaaa!

Así, marcando mucho el hiato.

Y lo necesitas. Tu mente es como esos muñecos de cuerda que llevan un rato dándose contra la pared y hay que darles la vuelta para que tiren hacia el otro lado. El «tí-aaa» de tu amiga te hace comprender que has entrado en un bucle completamente absurdo, así que de pronto te iluminas y dices:

—¡A la mierda! ¡Si no quiere llamar que no llame! Voy a estar aquí amargada por este tío pudiendo… llamarle yo. Y te lanzas sobre el móvil.

¡Un momento! Debería existir una alarma para estos casos, que dijera: «Aléjese inmediatamente del teléfono y espósese a la pata de la cama».

¡No subestimes la frustración que vas a sentir si no responde o si no responde como a ti te gustaría!

Una loba no pone un mensaje a no ser que esté completamente decidida a reírse de cualquier respuesta que reciba. Incluida la no respuesta. Y aunque para lograr su objetivo tenga que atravesar todas las etapas del drama. ¿Lo estás? ¡Fenomenal! ¡Esa es la actitud! Exponiéndote, pero con el objetivo claro es como te acabarás convirtiendo en loba, y cuando lo seas del todo, ni siquiera tendrás que recorrer el camino del drama, porque tendrás tan interiorizado el proceso que la risa brotará de inmediato.

El problema es que en ese momento tienes tantas ganas de llamarle que puedes sobrevalorar tus fuerzas y luego meterte en el bosque del drama sin recordar cuál era el objetivo, ni por qué te metiste, ni cómo coño salir. Menos mal que en ese caso puedes volver a abrir el libro y recordar que la salida no es volviendo hacia atrás, que por otro lado no podrás, sino recorriendo el bosque hasta el final.

Si estás en esta situación, seguramente lo que te he dicho te habrá hecho reflexionar detenidamente durante unos… cuatro o cinco segundos antes de decir:

—Claro que sí, estoy preparada. He calculado todas las posibles respuestas y estoy lista para asumir las consecuencias y crecer con la experiencia.

Y a continuación te pasarás las siguientes veinticuatro horas de tu vida redactando el mensaje desenfadado perfecto. No en su chat, obviamente, porque por alguna razón nos da más vergüenza que nos pillen *«escribiendo»* un whatsApp que atracando un banco en pelotas.

Yo para esto tengo un truco muy bueno que os comparto por si no habéis caído todavía, que igual sí.

La clave me la dio un borracho en la barra de un bar. Se inclina sobre mí y me dice:

—¿Tú tienes amigos? Yo no. Solo tengo un chat de whatsApp. Con mi hermana. Y la eché.

Cuando empezó a hablarme, no sospechaba yo que el tío me iba a cambiar la vida. Después de reírme, (la risa siempre es lo primero), de pronto caí en las posibilidades de aquella revelación.

¡Es genial! Si creas un grupo de whatsApp con quien sea, tu mejor amiga, por ejemplo (para que le puedas explicar lo que vas a hacer), y luego la echas… ¡Tienes un grupo contigo mismo que nadie sabe que existe donde puedes redactar mensajes compulsivamente durante días y días hasta que te reviente la cabeza! ¡¿No es maravilloso?! ¡Sin temor a ser descubierto ni a enviarlo por error! Cuando te decidas a enviarlo solo tienes que darle a copiar y pegar, y bualá, aparecerá mágicamente en el muro de tu chico sin que hayas estado *«escribiendo»* ni un segundo. Eso sí, muy importante el «copiar y pegar». Si das a «reenviar» te cargas toda la magia y haces más el ridículo que si hubiera visto que llevas *«escribiendo»* veinticuatro horas.

Espero que os sirva el truco. Y ojo, también la lección de escuchar siempre a todo el mundo, aunque creáis que no tiene nada que aportaros. Nunca sabes qué forma puede adoptar la sabiduría. ¡Y la risa! No olvidéis que vuestro reto como aspirantes a loba es convertiros al humor, y la clave para ello es tener presente que este se esconde en las situaciones más inesperadas.

Volvamos al lío. El caso es que después de veinticuatro horas y dieciocho versiones del mensaje, ya tienes una posible versión de mensaje improvisado que envías a tus cuatro mejores amigas para que el comité de sabias dé su aprobación y coincidan unánimemente en que es imposible que ese mensaje no le haga enamorarse más de lo que ya lo estaba, empezar a amarte si no lo hacía o despertar del coma profundo si fuera menester –Nota. Comité de sabias formado por mujeres que te tienen a ti en el suyo. Solo digo eso–. Y como entre todas habéis calculado cualquier posible respuesta y a vuestra vez pensado contestaciones para cada una de ellas, estás preparada para todo.

Así que tu criatura ya está lista para el mundo. Ahí la tienes. Tu obra magna. Los historiadores se referirán a ella como «El mensaje perfecto».

No puedes evitar releerlo con orgullo antes de darle a enviar. Sabes que una vez que lo hagas tendrás que salir cagando leches de whatsApp y no volver a entrar hasta que el tío te conteste o hasta que te mueras, lo que pase antes.

Así que por fin mueves los dedos a modo de calentamiento, y entre la hiperventilación y la taquicardia, le das a «enviar» como el que se lanza en puenting.

El mensaje ya está en su poder. Claro, directo, bien argumentado… Amable pero firme, serio pero dulce, preciso pero informal…

«Hola».

Sí, hija, sí. Veinticuatro horas de tu vida para acabar poniendo: «Hola». Pero os voy a decir otra cosa que os va a cambiar la vida para siempre. No tenéis que volver a preocuparos de lo que ponéis en los mensajes. Porque quizás no habéis caído, pero hay una ley de la física, igual que la ley de la gravedad, de la que no podemos escapar, y que dicta lo siguiente: Da igual el tiempo que hayas invertido en poner un mensaje, da igual cuántas amigas hayan participado, en el momento en que le des a enviar, el mensaje perfecto empieza a hacer aguas por todas partes.

Lo sabes cuando pones el móvil en modo avión para que no te pille en línea, y entras en su chat para releerlo una vez más. Cuando lo ves te quedas tan horrorizada como si no lo hubieras escrito tú. Y llamas a tu amiga:

—Hola, tía. ¡Hola! —Y miras la pantalla negando con la cabeza—. Es superagresivo, tía. Va a pensar que estoy enfadada... Le tenía que haber puesto un «¡Hey!», que es como más divertido y desenfadado, ¿no?

Y tu amiga:

—Ah, pues sí...

¡¿Ah, pues sí?! ¡¿Ah, pues sí?! ¡¿Pero para qué narices te quiero, hija de la gran p...? ¿Solo para que me fundas a emoticonos con besos cuando crea que por fin es él respondiendo a la mierda de mensaje que me has dejado ponerle?!

Relájate. ¡No pasa nada! Te voy a dar un ejercicio mental para la frustración de haberla cagado con un mensaje: Escribe otro, el que te hubiera gustado ponerle, el que se te ocurrió justo después de mandar el terrible. ¡Pero no lo envíes, pedazo de loca! Escríbelo y déjalo ahí. Verás como al cabo de un rato ese nuevo que te parecía el perfecto vuelve a hacer aguas...

—¿Hey? Por favor, parezco Julio Iglesias. Solo me ha faltado ponerle: Soy gilipollas y lo sabes.

¿Lo ves? No hay escapatoria, así que relájate.

Además, lo bueno es que si a las dos horas no te ha contestado ya no reaccionas como aquella niña histérica de los primeros capítulos... ¿Te acuerdas? Ahora eres prácticamente una loba. Así que te calmas. Te calmas y te dices: «Bueno, a ver... Y si no me contesta, ¿¿qué?? ¿¿Qué pasa?? ¡No pasa nada! Vendo mi casa, me mudo de ciudad y ya está».

Y está bien pensado, claro que sí... Lo que no has calculado es que la casa no es tuya, que vives con tus padres porque no tienes dinero para un alquiler. Así que vas a tener que quedarte y cruzártelo el resto de tu vida. Que lo más que puedes hacer es comprarte unas gafas de sol muy grandes y cortarte el pelo. Pero de pronto te das cuenta de que ni siquiera puedes hacer eso... ¡porque tienes las orejas de soplillo!

Bien. Antes no me hiciste caso cuando te dije que midieras tus fuerzas y mira cómo estás. Así que ahora, escúchame bien: Si no te contesta no le escribas más. Porque hay gente que no ha parado nunca, ¿eh?

—No, solo uno para decirle que quiero hablar con él.

Si tampoco responde:

—Bueno, pues uno para decirle lo que le quería decir, a ver si se piensa que lo que esperaba era volver con él, vamos hombre...

Si no te contesta a ese:

—Bueno, pues entonces uno con un chiste para que vea que estoy de broma y no parecer enfadada, que se vea que a mi plin.

Y si tampoco hay respuesta entonces uno indignada otra vez ¡por tener el puñetero corazón de piedra!

Un tío que simplemente hubiera ido al váter, cuando volviera a los diez minutos podría encontrarse este monólogo en su móvil.

20:01
—Hola, ¿qué tal?

20:02
—Me gustaría hablar contigo.

20:03
—O no. A no ser que tú quieras, que entonces no me importa.

20:04
—¿Entonces, qué? ¿Quedamos?

20:05
—Desde luego ya te vale. Encima que te ofrezco quedar por si quieres hablar. Ni que lo hiciera por mí. Al menos contesta, ¿no?

20:06
—¿No piensas decir nada? ¡Pues vete a la mierda, guapo!

20:07
—Venga, bah, te perdono, loquito, jajajaja, ¿a qué hora quedamos?

20:10
—Cabrón.

Cuando uno manda el primer whatsApp es como cuando va al casino. Que entras diciendo:
—Solo apuesto cincuenta euros y si pierdo me voy.
Y al final te gastas mil intentando recuperarlos. Por eso los ludópatas dan el carné en la puerta para que no les dejen entrar.
Si no estás segura de aguantar, haz lo mismo y dale tu móvil a una amiga.
Y después, ¡relájate y recuerda que ese tío ni siquiera te gustaba! Te lo vuelvo a repetir para que te cale: Lo único que te gustaba de él era que tú le gustabas a él.
Por eso te jode tanto que haya cambiado de idea, porque le diste el poder de decidir con su opinión si podías gustarte a ti misma.

¿Pero quién es ese tío para decidir nada? ¡Por Dios! Que no lo has querido decir hasta ahora porque te daba vergüenza, pero que, en vuestra primera cita, cuando le dijiste que te gustaba Oscar Wilde, te preguntó:

—¿Y ese quién es?

Y cuando le respondiste:

—El autor de *El retrato de Dorian Gray*.

Te contestó:

—Ah, vale. Un pintor.

Me parece bien que mientras el tío parecía loco por ti decidieras omitir estos pequeños detalles, ¡pero ahora es el momento de recordarlos!

Yo sé que lo que más te fastidia es que el tío desaparezca sin dar explicaciones. Y no solo lo hace el flipao, esto pasa con cualquier tipo de tío: rollo, follamigo, amigo con derecho... Puede desaparecer, y hay que reconocer que es muy frustrante. ¡¿Es que no tienes derecho a un poco de respeto?!

¡Claro que sí! Ese tío no ha desaparecido porque tú no tengas derecho a una explicación, sino porque no es capaz de dártela. Así que su actitud no dice nada de ti, dice de él. Así que abandona las expectativas sobre las acciones de los demás y arriesga en función de tus propias fuerzas, porque tú eres la única persona sobre la que puedes y debes tener control.

Y por si yo no consigo convencerte me cuenta Punset que te diga una cosa de su parte. Transcribo literal: «Hay un gen que controla el comportamiento sexual en el ratón de la pradera y en la mosca del vinagre. Aunque no podemos sugerir que algo así pueda ocurrir con los humanos y que un solo gen determine el comportamiento sexual, a mí me hace sospechar...».

Eh... No sé qué quiere decirte con esto exactamente, pero si está comparando a los humanos con los ratones de la pradera, igual te está insinuando que ese tío es una rata de campo.

Ahora dice que leas lo que pone en la página ciento ochenta y nueve de su libro *El viaje al amor*. Sí, claro, usando mi libro para hacer publicidad del suyo, ¿no te fastidia? No hace falta que te lo compres, ya te digo yo lo que pone. Atenta:

—Si a un ratón se le desactiva el gen de la oxitocina antes de nacer sufrirá amnesia social y no reconocerá a los ratones de su entorno.

¡Ahí lo tienes! ¡Esa es la explicación! Como no segrega oxitocina tiene amnesia social. ¡Ni se acuerda de ti esa puñetera rata!

No, no, no pongas esa cara, mujer... Que esto era para quitarle hierro al asunto. Sí que se acuerda, boba. No llores. Ay, madre, Punset, la que has liado...

Na, tú escúchame a mí que íbamos muy bien.

Lo que está claro es que cuando un tío desaparece no sabes lo que ha pasado. Así que deja de pensar que ha sido culpa tuya. ¡Egocéntrica! ¡Por grandes que sean tus orejas no ocupan todo el universo! Pueden haber pasado mil cosas que no tienen que ver contigo. Además, al final todo se sabe. Tú no sufras, ten paciencia... Recuerda que la vida no es como en las películas, sino como en las series... A lo mejor este enigma no se resuelve hasta dentro de tres temporadas... Pero lo hará.

Uy, no... que ya sé lo que estás pensando. No lo pienses, no lo piens... Vale, ya lo has pensado. Sí, sí, a lo mejor lo que le entró fue miedo al compromiso... En fin, te advertí hace varias páginas que llegaría el momento de tratar con seriedad este asunto del «miedo al compromiso», que es como llamamos las mujeres a cualquier cosa que haga cualquier hombre que no quiera estar con nosotras.

Como me dijo mi hermano una vez:

—A ver, hermana, el miedo al compromiso realmente existe, pero no vale que lo uses para todo.

9
EL BENDITO MIEDO AL COMPROMISO

Voy a decirte algo que quizás te duela oír.

¿Sabes por qué el miedo al compromiso es tu solución para todo? Porque eres tú la que tiene miedo a admitir que no le gustas lo bastante.

Te doy unos segundos para pensarlo y así me repongo del puñetazo que me hubieras metido ahora mismo si me tuvieras delante. Yo creo que me va a salir un morado.

Tú no estás dispuesta a admitir que no le gustas y él no va a obligarte a hacerlo porque tu ego no lo va a soportar. Así que concluyes:

—Mira, guapo, si no te gusto tienes un problema. ¡Un serio problema mental!

Una cosa. Umm… ¿no hay un poquito de prepotencia en sugerirle a un tío que tiene un problema mental si no está loco por ti? Piénsalo un momento y te van a dar ganas de meterte debajo de la cama. No se está tan mal, yo estoy aquí desde que lo pensé, y todos estos meses me he sentido muy sola aquí abajo. Bienvenida…

Vamos a ver… Yo no quiero quitarte la ilusión, puede

que el muchacho efectivamente tenga un problema mental, pero si es así, está feo que seas tú la que se lo diga, ¿no? Ya vendrá un amigo suyo con dos dedos de frente que se lo comente:

—Oye, tío, si dejas escapar a ese pedazo de mujer tú no estás bien…

Sí, efectivamente, eso solo pasa en las películas… Menos mal que te va calando algo. Qué bonito sería que existiera ese amigo que hablara con el protagonista diez minutos antes del final para que el muchacho lo entendiera todo y saliera corriendo a por la chica…

Pero tú no puedes dejar eso en manos de ningún amigo suyo porque los conoces, y son todos tan gilipollas como él. Por eso se lo dices tú. De acuerdo. Yo solo digo que cuando un tío desaparezca ¿por qué no valoras antes otras opciones? Si ha salido corriendo, a lo mejor no tiene miedo, a lo mejor tiene prisa. ¡Y seguramente por perderte de vista!

Pero imaginemos por un momento que de verdad tenga miedo al compromiso. A veces pasa. En ese supuesto mi pregunta es: ¿Qué más da?

Si a uno le duele la barriga, ¿qué importa que sea por gases o por una indigestión? Le duele y punto. ¡Pues si no te va a querer, da igual el motivo!

Si lo que tiene de verdad es miedo, ¡la que deberías correr eres tú! Pero no. Te quedas. Porque si tienes un complejo mayor que el de las orejas de soplillo, ese es…

Tu complejo de psicoanalista

A ver… Hay que reconocer que el complejo de psicoanalista no es gratuito. Cuando te pones a psicoanalizar a un tío es como cuando llegas a un váter público que está hecho un asco. Antes de sentarte te tienes que pasar dos horas arreglando el desastre que han dejado las anteriores.

Vale que podrías hacer lo mismo que ellas y utilizarlo así, de lejitos, sin rozarte mucho con nada. Pero si de verdad quieres tener una relación profunda eso no te vale. Tendrás que estar dos horas limpiando las gotitas que hay en la taza para poder sentarte. Sí, amigos. Qué revelación, ¿eh? ¡Nosotras también manchamos la taza! Precisamente porque cuando nos da miedo mancharnos, nosotras también lo hacemos de lejos y, claro, no atinamos.

A ver, comparar el amor con una necesidad como hacer pis y a tu amante con la taza del váter no es muy romántico, pero es muy gráfico.

Ya tenemos el motivo por el cual les hacemos psicoanálisis: para poder sentarnos a gusto en la taza. Pero francamente, chica, ¿compensa tanto esfuerzo? ¿No será mejor buscar otro baño que esté más limpito? Sobre todo, porque la mayoría de las veces lo dejarás impoluto y luego no lo llegarás a usar.

Yo estoy harta de pasarme horas limpiando y pasando la escobilla para que luego entre otra y se me cuele. ¿Sabes cuántos tíos me he quedado para mí de los doscientos que he psicoanalizado? ¡Ninguno!

Que vale, que sí. Estás haciendo un bien social, pero, vamos. Mi amiga dice que estoy creando buen karma… Ya ves. El karma conmigo se luce, porque yo no paro de arreglar los que me llegan hechos un asco, y no hay modo de que me llegue uno limpio.

Si es verdad que existe el karma lo único que me alivia de lo mal que me va con los tíos es pensar lo cabrona que debí ser con ellos en alguna que otra vida.

A ver, en vez de crear tanto karma, ¿no sería más lógico dedicarle ese tiempo a psicoanalizarte a ti misma? Que te aseguro que después de psicoanalizar a cinco de ellos lo vas a necesitar porque te vuelven loca a ti. Si cada uno se concentrara en su propio sistema de autolimpieza acabaríamos antes.

Y es que la mayoría de las veces, para colmo, todo tu psicoanálisis habrá sido tiempo perdido. Tú creerás que le estás haciendo ver la luz y él solo está esperando a que sueltes tu rollo psicológico para hacerte su pregunta favorita:

—¿Podemos follar ya?

Yo tengo auténticas tesinas sobre cincuenta tíos diferentes, clasificadas por carpetas, que ahora no me sirven de nada. Bueno, en realidad para escribir este libro… ¿Pero a ti de que te vale tener un Máster en Óscar Ríos Medina, natural de Valladolid? Si no lo vas a volver a ver… ¡Se me acaba de ocurrir otra idea genial! Crear una biblioteca virtual en Internet donde todas subiéramos nuestras tesis sobre los distintos tíos que hemos conocido. Estarían ordenados por orden alfabético de modo que, si yo conozco por ejemplo a Carlos García Núñez, pueda buscarlo por la C… y fliparlo en colores con la joyita. Es el primer proyecto que voy a acometer en el sindicato de lobas.

Cuánto dolor nos ahorraríamos las unas a las otras. Jo, es que el otro día leí un meme en Facebook (no traía autor/a para poder citarlo) que decía: «Piensa en esa chica que ahora mismo acaba de conocer a tu ex y cree que ha encontrado a alguien especial». Se me pusieron los pelos como escarpias.

Lo más grave de esto de psicoanalizar es que te puedes quedar enganchada. Yo he llegado a hacer psicoanálisis a los tíos, ¡incluso cuando están ya con la siguiente! Te prometo que esto es verídico. Un día, el tío número dos me suelta después de haberlo dejado:

—Me he liado con una tía que es una cabrona. Si se la hago, va y me la devuelve.

Y yo:

—No puede ser lo que estoy oyendo.

Y él:

—Sí, sí, como lo oyes, ¡una cabrona!

Recuerdo vagamente la desesperación que te entra cuando un tío te dice una burrada tan grande que ni siquiera sabes cómo empezar a explicársela. Que si estuvieras en tu sano juicio ni lo intentarías, pero como todavía estás pillada por él no puedes soportar la idea de que sea tan animal y encima no se dé cuenta. Y es una frustración tan grande, tan grande, tan grande, que... Anda, mira, pues no era tan vago el recuerdo. Voy a tomarme un vaso de agua.

Mientras tanto espero que recicles todo lo que acabas de leer y que por fin asumas que cuando un tío desaparece tienes que pasar página, aunque no sepas qué es lo que ha pasado. Te aseguro que todo se sabe con el tiempo, y si no... mira quién es el siguiente tío.

10
Tío número cuatro.
El que reaparece

En este apartado voy a incluir a todos los hombres –rollos, follamigos, amigos con derecho, novios, flipados y no flipados– que salieron de tu vida bien por voluntad propia, bien porque los dejaste «a ver qué hacían…». ¿Te acuerdas? Pues ya están aquí, mujer. ¿Ves como solo había que esperar unas páginas?

Mientras la comedia de situación que es tu vida esté en emisión, el *casting* estará en continuo movimiento. Y tú como prota debes tener claro que los personajes episódicos a veces reaparecen varios capítulos más tarde o incluso cuatro temporadas después.

Hay básicamente tres tipos de reaparecidos:

Uno, el que reaparece para disculparse y explicarte por fin por qué desapareció. ¡Hey, tú, la de las orejas de soplillo! ¿Lo ves? Ya ha llegado tu oportunidad de preguntarle:

—¿Qué narices te pasó, tío?

Casi el cien por cien de las veces te confirmará que tus orejas de soplillo no tuvieron nada que ver. A lo mejor conoció a otra, a lo mejor a él también se le reapareció una ex, (una ex que ahora ha vuelto a desaparecer, razón por la cual ha entendido el daño que te hizo y te llama para disculparse) o cualquier otra cosa…

Y ahí estás tú, cuatro operaciones de estética después, con tus orejas bien pegaditas, escuchando ¡que te has gastado todos tus ahorros sin necesidad! ¡Y que encima ni siquiera ha vuelto porque quiera estar contigo, así que te has molestado en acudir a la cita sin depilar y con las bragas largas para nada!

Segundo reaparecido. Este merece un redoble de tambor. Porque aquí tenemos al que reaparece para… ¡¡tatatachánnn!! Reconocer que se estaba enamorando tanto de ti que la fuerza de su amor le provocó un miedo paralizante que le ha tenido sumido en una lucha interna contra sí mismo, en la que finalmente sus sentimientos han sido más fuertes que su pánico al compromiso.

¡Toma ya! Piénsalo bien. Si hemos quedado en que de cada mil diagnósticos que nosotras hacemos de miedo al compromiso se confirman… ¿Cuántos casos auténticos? Digamos… ¿uno? Este tío no solo es ese uno de cada mil que realmente tiene el virus, es ese uno entre diez mil, ¡que además lo reconoce!, y el más difícil todavía… El uno entre cien mil que lo tiene, lo reconoce y, además, ¡lo verbaliza! ¡¡Eso ya es la pera!! ¡La pera que llevas toda la vida pidiéndole al olmo!

La única pega es que un tío que es capaz de reconocer sus emociones y además explicártelas a ti no es un tío, ¡es una tía!

No, venga, vamos a asumir que puede ocurrir, que es difícil, pero no imposible. Eso sí, tienen que darse dos circunstancias muy concretas. Atiende bien:

Primera, que se te haya olvidado poner el despertador y, por tanto, lo estés soñando.

Y segunda, que seas Jennifer Aniston y esta escena pertenezca a alguna de tus películas. Buenísimas todas, por cierto, Jenni.

Yo te firmo donde quieras que si tú, antes de acostarte, te aseguras de haber puesto bien el despertador y de no ser Jennifer Aniston, puedes estar tranquila, que esto no te va a pasar.

Vale, he sido muy dura. Todas tenemos esa secreta esperanza. Hasta la pobre Jenni cuando se olvida de poner el despertador sueña que Brad Pitt va a volver reconociendo que la dejó por miedo al compromiso. Claro que sí. Y que fue por culpa de ese terror a comprometerse por el que se casó con Angelina Joli y tuvo trescientos hijos.

¿Y por qué nos abrazamos a esta esperanza? Por las puñeteras películas y porque todo el mundo dice conocer a alguien que conoce a alguien a la que le pasó. ¿Pero tú lo has visto alguna vez? ¿Con tus propios ojos? ¿En la vida real? ¿Sin tener las pupilas dilatadas por efecto de las drogas? Por favor, eso es una leyenda urbana.

Si solo vas a retener una cosa de este libro, que sea esta: Hay más posibilidades de que cojas a una chica haciendo autostop y te diga:

—En esa curva me maté yo.

Que de que tu ex vuelva y reconozca:

—Te dejé por pánico a mis sentimientos.

¡Son leyendas! ¡Como el Yeti, el monstruo del lago Ness ó las cremas anticelulíticas!

Y ahora me dirás:

—¡Ah! ¿Pero recuerdas lo que dijiste que pasaba con las cremas anticelulíticas? ¡Que a veces, aunque no lo esperes, funcionan!

¡Exacto! ¡Tienes razón! Has estado atenta a la lectura y no te has dejado manipular. ¡Bien! ¡Es verdad!

A veces los milagros existen, pero debes estar muy atenta para distinguir si el tuyo ha vuelto porque no puede vivir sin ti o si es de los que solo vuelve a ver qué rasca, que es el tipo de reaparecido más común, razón por la cual he dado en llamarlo...

EL REAPARECIDO VULGARIS.

Por supuesto que es posible que un tío reaparezca porque no puede vivir sin ti, y defenderé con mi vida tu derecho constitucional a que así sea. Sin embargo, me veo obligada a hacerte partícipe de una modesta encuesta que he efectuado al respecto. Sé que no tengo la credibilidad de un estudio realizado por una universidad norteamericana, pero te aseguro que los datos que te voy a dar son rigurosamente ciertos. Ante la pregunta:

—¿Tú, por qué razones te volverías a comunicar con una exnovia?

Once de cada diez tíos respondieron, categóricamente y sin dudarlo: por follar.

El problema es que es muy difícil distinguir al que no puede vivir sin ti del que solo vuelve a ver qué rasca.

Tranquila. Que yo te voy a dar un truco infalible para distinguirlos.

MUY ATENTA. Lee con mucho detenimiento:

El que se arrepiente y quiere volver contigo es el que te dice:

—Me arrepiento y quiero volver contigo.

Si no, es de los otros.

Uy, pues no era tan difícil, ¿verdad?

A cualquier otro tío que simplemente te diga:

—Hola, ¿qué tal?

Lo que deberías hacer es contestarle:

—¿Que qué tal? Oye... por lo que respecta a mi vida, ¿tú no te ibas?

Y es que no falla. Justo cuando estás empezando a recuperarte, a aprender a vivir sin él, cuando ya no es el primer pensamiento que tienes al despertarte por la mañana, de pronto... «Pi-pi», un mensaje en tu móvil. Es como si lo oliera, el desgraciado.

—Hola. ¿Qué tal?

—¡Hombre, Fernando! —Sí, Fernando, aquí estás otra vez... Te dije que no había acabado contigo.

Cuando un tío que te ha gustado mucho reaparece te genera un conflicto. Nos pasa a todas. Por un lado, quieres mandarle a la mierda, pero, por otro, también quieres... ¡mandarle al carajo!

Y, sí, sí, vale, lo reconozco. Por un tercer lado, y a pesar de todo, quieres... ¡que de una buena vez los pajaritos canten y las nubes se levanten! ¡Y por ese tercer lado es por donde te la cuela!

A estas alturas tú ya sabes, porque te lo acabo de decir, que si el tío va en serio, te lo va a decir, pero todavía piensas: «Hombre, espérate un poco... Si quiere volver no me lo va a soltar así, de entrada...».

Así que le respondes como si no pasara nada:

—Bien, ¿y tú?

Y a ver qué dice... Pues, nada, ¡no dice nada! ¡Ya está! ¡Ahí lo deja! ¡Te pregunta qué tal y luego ni siquiera le importa lo que le respondes! ¡¿Pero a qué nivel que psicopatía estamos llegando, Dios mío?! Y cuando ya estás preparada para poner a Dios por testigo por enésima vez, oyes unas pitadas de coche en la calle. Y todavía piensas: «Bueno, espérate. Voy a asomarme, no vaya a ser él que está llegando en una limusina, espantando palomas como Richard Gere...». Y cuando te ves allí, asomada a la ventana, mirando, ¡mirando de verdad!,

¡por si acaso!, te sientes tan idiota que te dan ganas de tirarte por ella.

A lo mejor estás pensando, hombre, esto es un caso extremo. Y es verdad... Puede que tengas suerte y el tío te siga contestando:

—Yo genial. ¿Quedamos?

Y que tú le digas:

—Vale —porque pienses: Hombre, lo que tenga que decirme no me lo va a decir por teléfono, querrá decírmelo en persona.

Y que cuando quedéis, el tío se te tire encima porque no puede contenerse de las muchísimas ganas que tenía de volver contigo, y que tú te digas: «No voy a cargarme el momento romántico. Ya hablaremos tranquilamente después de hacer el amor».

Y que cuando estéis abrazaditos después de hacer el amor y por fin sea el momento perfecto, le preguntes:

—Bueno, ¿qué querías decirme?

Y él te conteste:

—¿Eh?

Y ahí es cuando sí te vas derecha a tirarte por la ventana. Pero no lo haces, porque ya sabes que lo que no te mata, te hace más loba. Y porque, además, vas a tener la oportunidad de vengarte. Y si no lo sabes te lo digo yo. Porque cuando el reaparecido vulgaris consigue pillar una vez, suele evolucionar a...

EL REVOLOTEADOR RECURRENTE

El revoloteador recurrente es todo rollo, rollete, exnovio o follamigo que saluda periódicamente como el que no quiere la cosa para ver qué cae. Y como ya te lo sabes, le estás esperando como agua de mayo.

Hasta que un buen día, por fin, puedes decirles a tus amigas:

—Tías, ¿sabéis quién lleva casi tres semanas saludando por whatsApp? Juan Carlos.

—¿En serio? ¿Qué Juan Carlos? ¿Juan Carlos I o Juan Carlos II?

—Juan Carlos II.

—Qué cara, tía, eso es que ya le vuelve a picar... ¿Y cada cuánto son las contracciones?

—Cada tres o cuatro días.

—Uy... Este el fin de semana ya te está diciendo «lo de tomar un café».

Y tú:

—Sí, sí... Si lo estoy deseando.

Y tus amigas al unísono:

—¡No irás a quedar con él!

¡Por supuesto que no! Por fin has escarmentado y has trazado un maléfico plan a la altura de lo que se merece un revoloteador recurrente.

Como ya eres prácticamente una loba de pelo en pecho esperas serenamente a que llegue el sábado. Estáis solos en el salón. Él y tú no. Tú y tu móvil. Qué distinta la situación de aquella vez en que le mirabas de reojo, disimulando para que no notara tu ansiedad..., ¿eh? Ahora lo observas fijamente, retándolo a sonar.

—Venga, a ver si te atreves. Haz pi-pi. Haz pi-pi.

Y al final lo hace, claro... Cómo no lo va a hacer, si tienes una mirada de loca que no es para hacerse pi-pi, es para cagarse vivo.

¡Ay! Aún recuerdo la satisfacción que experimenté.

—¿Te apetece tomar un café un día de estos?

En ese instante dio comienzo mi maléfico plan. Me sentí como un auténtico genio del mal.

Atentas, porque aquí va...

LA RECETA PERFECTA PARA LA VENGANZA:

Paso uno: Calentar al tío hasta llevarlo al punto de ebullición.

—Uff... ¿Un café? Pues tendrá que ser con hielo porque con lo caliente que me pones...

Y él:

—Guau... ¿Quedamos hoy?

—¿Hoy? ¿No puede ser antes?

Y él:

—Ja, ja, ja. Te llamo luego para concretar hora. Un beso.

—Ok. Lleva protección.... Pero policial, que igual me lanzo en cuanto te vea.

Paso dos: Después de haberle calentado de este modo se queda con él a una hora en un sitio y se le deja enfriar allí durante unos cincuenta minutos aproximadamente.

Y cuando llame y te pregunte:

—Tía, ¿dónde estás? Llevo una hora esperando.

Se le contesta, con voz muy dulce y tono de infinita sorpresa:

—¡Pero ¿qué me dices?! ¡¿Que no estoy ahí?! Qué raro... Pues no sé dónde estaré, pero si aún no he llegado... eso es que no voy a ir.

¿Qué te parece? Ahora mismo te estás preguntando si lo hice de verdad, que es lo mismo que me preguntaron mis amigas al día siguiente. Y te voy a contestar lo mismo que a ellas:

—¡¡Pues... nooooo!! No pude hacerlo porque el muy cerdoooo nunca volvió a llamar para concretar la hora. ¡Porque hay tíos tan retorcidos que lo único que quieren es saber que podrían volver a echarte un polvo si quisieran, pero ni siquiera quieren!

¡Así que todo lo que cebé mi venganza solo sirvió para convencerle de que soy tan patética que me la podía volver a colar, nunca mejor dicho!

¡Pero qué broma es esta! ¡Cuando ya has aprendido a evitar que un tío te la cuele después del polvo, te la cuela ANTES del polvo, y lo peor es que encima se queda pensando que tú estabas desesperada porque te la volviera a colar! No hay nada más patético.

Bueno, sí. ¡Hay una cosa aún más patética! ¡Que sea cierto! ¡¡¡Porque el colmo de los colmos es…!!! –Dios mío, me voy a quedar afónica con tantas admiraciones, espera que me calme–. El colmo de los colmos es que tu maléfico plan tenía una fisura. No tuviste en cuenta que cuando calientas a alguien, ¡tú también te oyes! ¡Y te calientas también!

¡Porque como no te hablas con Punset desde que te lio para que te enrollaras con el flipado del capítulo seis, pues no te ha recordado lo que se supone que ya tenías que saber desde el capullo del capítulo cinco! ¡Que los flujos de dopamina se ponen en marcha con la mera expectativa de placer, aunque luego no se satisfaga!

Así que ahora mismo hay un cóctel explosivo de dopamina y mala leche corriéndote por el cuerpo.

Vamos, que de tus ínfulas de «genio del mal», ¡solo te queda el genio! ¡Así que si alguna vez sigues mi mierda de plan te aconsejo que antes de empezar a calentar al tío te pongas unos tapones en los oídos para no escucharte!

Y a todo eso únele el sentimiento de culpa… ¡Pero cómo he podido ser taaaaan gilipollaaaaaaaas! ¡¡Cómo no valoré en su justa medida lo cerdo que era!!

Y como Punset te ve tan desquiciada, aunque estáis regañados, te dice:

—¿Sabías que, a excepción del neocórtex, que es la parte más desarrollada del cerebro en los humanos, es muy difícil distinguir el cerebro de un hombre del de un cerdo?

En ese momento te salva la vida.

—¿En serio? Oh, Punset... Qué bonito... Muchas gracias.

¡Te está diciendo que no es culpa tuya, es que realmente es muy difícil distinguirlos!

Esa noche hice las paces con él. ¿Y sabes qué conclusión saqué de todo aquello? Que ni planes, ni estrategias, ni venganzas. Cuando te topes con un cerdo, ignórale. Así, al menos, se convertirá en un cerdo a la izquierda.

11
Tío número cinco.
El más cerdo de todos: el bueno

Como había decidido ignorar a todos los cerdos y resulta que científicamente es tan difícil distinguirlos de los tíos normales, pues decidí ignorar a todos los tíos para evitar volver a cagarla.

Decidí quitarme del amor. ¿Recordáis que os hablé de esta fase al principio? Es normal atravesarla, y seguramente más de una vez, durante el proceso de tu conversión en loba. Ya no eres una caperucita total y no estás dispuesta a sufrir más, pero tampoco tienes las armas de loba necesarias para evitarlo.

Así que dices: Me quito. En la vida hay muchas más cosas que el amor. De hecho, yo, esta fase, no la llevé tan mal porque siempre me ha pasado algo curioso. Cuando veo una película o escucho una música que me emociona, yo tengo las mismas sensaciones que cuando estoy enamorada. Sí, puedes reírte. ¿Pero sabes qué me ha dicho Punset? ¡Que las áreas del cerebro que se activan cuando nos enamoramos son las mismas que se activan con el goce artístico! Concretamente la tegmental ventral y el núcleo caudado, ubicadas en el cerebro primordial.

Esto quiere decir que si consigues estimular estas zonas mediante el goce artístico ¡sentirás el mismo placer que cuando te enamoras y sin los efectos secundarios!

¿Te das cuenta de lo que supone eso? Una loba no necesita a nadie que le estimule el cerebro primordial. Ya no tiene que venir nadie a activarle el núcleo caudado. Se lo activa sola. Ella solita, sustituyendo el sexo por el goce artístico. Y eso hice. Cuando me daban ganas de enrollarme con un tío, en vez de irme con él, me ponía un disco de Falete. Oye, igual el placer no es exactamente el mismo, pero casi, y encima de paso te baja la libido a los pies.

Así que, si tú estás ahora mismo en esta fase en la que te quieres quitar del amor, lo entiendo perfectamente. ¿Quién quiere sentirse todo el rato ansiosa, deprimida y desestabilizada?

Vamos a reconocerlo, el amor es una adicción como cualquier otra, lo que pasa es que como la padecemos todos hemos llegado al acuerdo de decir que es buena... Si todos los seres humanos fuéramos calvos, decidiríamos que tener pelo en la cabeza es una enfermedad, pero como la mayoría sí lo tenemos, la tara es no tenerlo, y que se jodan los calvos.

¡Es la tiranía de la mayoría! Como todos somos unos yonkis del amor nos conviene decir que el amor es lo saludable, y mirar mal al que se sale del redil, pero solo porque nos recuerda lo yonkis que somos.

Yo, desde luego, no estaba dispuesta a dejarme manipular más. Así que decidí salirme de esta hipnosis colectiva absurda.

Cuando ya eres loba te puedes permitir enamorarte porque ya te has convertido al humor, pero sin el humor para contrarrestar lo que nos hace el amor en la cabeza, el amor es una enfermedad. Y cuesta tanto a veces convertirse, que es normal que renuncies. Yo desde luego lo tenía claro.

Yo seguía saliendo con mis amigas por ahí, claro, pero solo por estar con ellas y porque en los bares ponían música y eso activaba mi área tegmental ventral y mi núcleo caudado. Nada más.

Por supuesto que ellas intentan volver a arrastrarte a su infierno, diciéndote que tienes un problema. Lo que ocurre es que no quieren que las pongas en evidencia porque si tú has conseguido desengancharte, ellas van a quedar como unas yonquis del amor. Que es lo que son.

Me hicieron lo mismo cuando me negué a ponerme hombreras en los ochenta. Me convertí en una paria social. Pero, por Dios, ¡que teníamos nueve años! Parecían *quarterbacks* de fútbol americano. Seres sin cuello, con la cabeza y los hombros prácticamente a la misma altura. Por eso tenían que estofarse el pelo…, para que se viera que entre los dos hombros había un cráneo humano.

¡Las únicas hombreras que yo he llevado en la vida han sido mis propias nalgas el día que me puse las medias de realzar glúteos! ¡Y fue treinta años después! ¡Cuando a mí me dio la gana! ¡Si ahora digo que no vuelvo a enrollarme con un tío en otros treinta años es que no vuelvo a hacerlo! ¿Ha quedado claro?

Estaba en pleno discurso cuando una de mis amigas me dio un codazo:

—Detrás de ti hay un tío que no te quita ojo.

Y yo:

—Ah, ¿sí? ¡Pues qué buena ocasión para demostrároslo!

Sin volverme siquiera le pregunté a mi amiga:

—Se está acercando, ¿verdad?

Y ella:

—Sí, ¿cómo lo sabes?

¿Que cómo lo sé? Pues porque cuando llevas tantos tíos a las espaldas los tienes calados a todos. No necesitas ni mirarlos para verlos venir... Tienes el superpoder de ver mucho más allá de lo que muestran y de oír mucho más allá de lo que dicen. Eso permite trascender las palabras e ir derechita al mensaje.

Así que cuando el tío llegó y me dijo:

—Perdona, pero tengo que decirte que eres muy guapa.

Directamente le respondí:

—¿Me estás llamando lerda?

—¿Qué?

—Hombre, si lo único que puedes decir de mí es que soy guapa es que crees que soy tonta.

Y él:

—Pero si no te conozco...

Y yo:

—¡Pues peor me lo pones! Me parece muy fuerte que me juzgues sin conocerme.

Menudo imbécil... Me di la vuelta y seguí hablando con mis amigas. ¡Pero el muy pesado continuó insistiendo!

—¿Quieres tomar algo?

Y yo:

—No bebo.

Y él:

—¿Nada? ¿Ni agua?

Y yo, ya flipando:

—¿Qué insinúas? ¿Qué tengo la piel seca?

Y él, con cara de tonto:

—No.

—Hombre, como das por hecho que no bebo agua, será que me ves la piel seca...

¡Qué grande, el tío! Yo es que flipo. ¡Y encima me dicen mis amigas que estoy a la defensiva! ¡Pero bueno! ¡¿Cómo voy a estar si el tío me entra llamándome imbécil deshidratada?!

Y nada, que no se iba:

—Bueno, pues… voy a la barra.

Y yo:

—Genial, adiós.

Y él:

—¿Entonces no te pido nada?

Y yo:

—Pues, mira, ya que lo dices, sí. Podrías pedirme perdón por los insultos y ¡desaparecer!

Ahí por fin se dio por vencido. ¡Ja! A mí me iban a vacilar a estas alturas…. Pero a los cinco minutos, vuelve a aparecer, con dos copas:

—Ya estoy aquí. Te he traído lo que me estoy tomando yo.

Ahí ya exploté:

—Mira, lo que te estás tomando tú son muchas confianzas, ¡pesado! No quiero ser borde, pero estoy con mis amigas. No puedo atenderte, ¿vale?

Y me suelta:

—Bueno, pues déjame tu teléfono y quedamos otro día…

¡Ja! Esa sí que era buena.

—Pero vamos a ver, tío… ¿para qué me pides el teléfono si no me vas a llamar?

Y me dice:

—Si tan segura estás, dámelo. Es evidente que te encanta tener razón. ¿Vas a renunciar a ese placer?

Lo que era evidente es que yo era un reto para él. Quería demostrar que era capaz de desarmarme. Este no sabía por lo que yo había pasado. Pensé: «De acuerdo, amiguito, juguemos. A ver quién gana». Y mis amigas:

—A ver si te va a llamar…

Y yo:

—Hombre, ¿cómo va a hacer eso?

Y ellas:

—Uy, no te extrañe, los tíos con tal de fastidiar son capaces de cualquier cosa.

¡Y efectivamente! ¿No va el desgraciado y me llama? ¡Pero al día siguiente, además! Y encima me pregunta:

—¿Te apetece cenar conmigo? Y no estoy diciendo que necesites comer porque estés muy flaca, ¿vale?

Genial. Y ahora me dice que no estoy flaca... ¡Este tío es el colmo! No solo me llama, ¡sino que me llama gorda!

Estaba claro que el señor no iba a rendirse tan fácilmente. Así que ahí ya me dije:

—Me lo voy a tener que tirar.

Era la única manera de quitármelo de encima. Así que dicho y hecho. Esa misma noche. Porque ya sabemos como funciona esto. A mí no me iba a volver a pasar la del «flipado que desaparece».

En la fase de cazador el tío puede llegar a creer que tiene verdadero interés en ti, pero solo es producto de su ansia de caza. Si consigue a la presa la primera noche se le pasa, y la presa, o sea tú, sales indemne. Pero si no te perseguirá durante dos semanas, plazo en el que a ti te habrá dado tiempo a colarte por él. Cuando te cace desaparecerá y tú te quedarás destrozada.

Y no iba a permitir que volviera a pasarme eso. Aquella misma noche me lo tiré y listo. Si quieres detalles te remito a la descripción de los hechos del capítulo «El rollo de una noche». ¡El que no se complica, por supuesto! ¡A estas alturas se me iba a complicar a mí! Rápido, limpio e indoloro. Dormí como una bendita. Me desperté feliz. Ni pajaritos, ni arcoíris, ni unicornios, Punset calladito... Alucinado lo tenía. ¡Ja! ¡Oxitocinas a mí...! Por fin había aprendido a reconocer las mañas de los tíos, a no dejarme liar y a resolver el problema de raíz. Y todo ello ¡sin renunciar al sexo! Mira qué bien, ya podía dejar de escuchar a Falete.

¡Oh! Qué tranquilidad saber que podía dormir la mañana entera con la paz que te da el saber que no va a haber ningún pi-pi saliendo de tu móvil. Y de pronto… No es que hiciera pi-pi, es que empezó a sonar… ¡A sonar! ¡Como cuando te llaman! ¿Te acuerdas de cuando usábamos los móviles para hablar? Pues eso.

Miré la pantalla y… ¡era él! De entrada, no entendí nada porque estaba medio dormida, pero enseguida me di cuenta de lo que estaba pasando. Era obvio…

—Este se ha metido el móvil en el bolsillo del culo y cuando se ha sentado se le ha marcado solo.

Así que lo cogí, preparada para oír, vete tú a saber qué, porque claro, cuando pasan estas cosas te expones a escuchar cualquier barbaridad al otro lado… Igual había marcado con el culo porque la tía con la que se estaba enrollando ahora mismo le había empotrado violentamente contra la pared. El caso es que lo cogí:

—¿Sí?

Y él:

—¡¿Sí?! Pero si aún no te había preguntado si quieres quedar. Lo estabas deseando, ¿eh? Venga, ¿a qué hora te recojo?

Flipé. O sea, que el tío había llamado a propósito. Lo que no parecía tener claro era a quién, así que le dije:

—Oye, creo que te has equivocado de número… Tú y yo ya follamos ayer.

Y el tío:

—Sí, ya. Por eso te llamaba… He pensado que estaría bien repetir.

Ahí sí que aluciné.

—Pero, bueno, ¿cómo que repetir? ¿Qué pasa? ¿Que no te gustó?

Y él:

—¿Eh?

—Hombre, de toda la vida, cuando te hacen repetir algo es que no lo has hecho bien.

El tío se echó a reír:

—Qué graciosa eres. Venga, te veo a las ocho.

Yo no entendía nada, de verdad. ¿Pero qué narices le pasaba a este hombre? Me vi obligada a quedar con él para analizarle como espécimen, porque yo a este no lo tenía clasificado.

He de decirte que le estudié pacientemente durante dos semanas, y cada vez alucinaba más. Hasta que al final resultó que el muy cerdo... era perfecto. Educado, divertido, atento... ¡Si hasta tenía muestras de afecto en público! ¡Conmigo, quiero decir! Porque claro, yo había tenido novios de los que muestran su afecto en público, pero por otras.

No, no. Aquello rayaba en lo paranormal. Bueno, si tenía hasta superpoderes. Que sí... ¡Que veía el futuro! Un día me soltó:

—Te llamo a las cuatro.

Y a las cuatro en punto, ¡pumba!, sonó el teléfono. ¿Cómo te quedas? La primera vez pensé que había acertado por casualidad, que era un hecho aislado, pero ¡qué va! Te decía que iba a llamar a tal hora y ¡acertaba siempre! Qué cague... Nunca había conocido a un tío que supiera hacer eso... ¡¿y tú?! No logré averiguar el truco... Porque algún truco habría, seguro. Uno que no conocen el noventa y nueve por ciento restante de los hombres... Aún hoy no me lo explico... Cómo conseguía alinear los acontecimientos de modo que casaran con su predicción... Increíble.

Cada vez me daba más miedo. Pero yo seguía investigando. Todavía no había conseguido catalogarle. No era un rollo de las mil y una noches porque quedábamos también de día. No era un flipado que desaparece porque me había asegurado de tirármelo de entrada... No sé. Yo solo sé que es el peor de todos porque está esperando que me relaje para colármela. Y claro, así no me podía relajar, yo solo decía: ¡Que me la cuele ya, por Dios! Y por fin, una noche me dice:

—Mañana salgo de viaje. Tengo que ir unos días a Holanda por trabajo. Ya te llamo a la vuelta.

¡Bien! ¡Ya me la coló!

La excusa «me voy de viaje» es un clásico de las desapariciones masculinas. Lo usan cuando ya se están cansando y quieren poner tierra de por medio. Caso cerrado. Menos mal, porque la verdad es que me estaba volviendo loca.

Pero aún estaba disfrutando de mi victoria cuando de pronto… ¡Me vuelve a llamar!

—¡¿Y ahora qué?! ¡¿Tú no estabas en Holanda?!

Y él:

—Sí, aquí estoy, por eso te llamo. Quería saber tu número para llevarte unos zuecos.

Ahí respiré hondo y le contesté:

—¡El cuarenta y cinco!

Quería estar segura de darle de lleno cuando se los lanzara a la cabeza.

Ahora sí que estaba asustada. ¡Realmente había subestimado a este tío! ¡Era un sádico! No le valía ninguna de las formas comunes de abandonar a una mujer. Empezó a entrarme auténtico pánico pensar la que me estaría preparando.

Como había hecho las paces con Punset, le pregunté:

—¿Habías visto alguna vez algo así? ¡Un tío tan retorcido que parece una tía!

Y él:

—Pueees… a lo mejor es que se ha enamorado. Cuando el macho se enamora su comportamiento se asemeja al de la hembra porq...

Y yo:

—¿Enamorado? Pero Punset, ¿te has fumado un porro? Que el que se ha ido a Holanda es él, no tú, ¿eh?

¡¿Qué estaba preparándome?! ¡¿Cuál era su plan?! Es superrestresante saber que te la van a clavar y no saber ni cómo ni cuándo. Iba a tener que adelantarme y zanjar yo misma el asunto de una forma definitiva. Si lo que estaba pensando fallaba, yo ya... No, no, qué narices iba a fallar. Eso no ha fallado en la vida. Mañana mismo quedaba resuelto el tema.

Efectivamente, volvió de Holanda al día siguiente y quedamos para cenar. Yo no aguantaba ni un minuto más, así que antes de que empezara a cortar queso, le solté:

—Oye... Llevamos viéndonos casi un mes, y a lo mejor a ti te parece precipitado, pero la verdad es que... yo necesito saber... qué somos. A dónde va esto.

Se quedó blanco y totalmente inmóvil. ¡Menos mal! ¡Por fin una reacción de tío! Tardó varios segundos en conseguir hablar. Dios, cómo lo estaba disfrutando...

—Pues, la verdad es que...

—¿Síii? —pregunté pestañeando compulsivamente y mostrando mi sonrisa más dulce.

—Pensé que... no ibas a preguntarlo nunca. Yo no me atrevía a decir nada para no agobiarte. Pero estaba desesperado por ponerle nombre...

Ahí la que se quedó inmóvil fui yo. Juraría que se me cayeron las pestañas:

—Espera un momento, que tengo que ir al baño...

Sí. ¡A cagarme en todo! Me metí en el váter y llamé a mi mejor amiga:

—¡¡Tía!! ¡¡Que quiere darle nombre!! ¿Pero qué coño intenta? ¡¿Qué se propone?! ¡Si cree que me va a ganar, va muy listo! No he tardado treinta y ocho años en convencerme de que todos los tíos son unos cerdos para rendirme ahora... ¡No sin luchar!

Me remangué, respiré hondo y salí del baño. Sabía que iba a ser un combate duro, pero aquello iba a quedar resuelto esa misma noche. ¡Solo podía quedar uno! Así que saqué toda la artillería pesada… Llegué a la mesa, y sin más preámbulos le dije:

—¡Que sepas, que mis padres te quieren conocer!

Y él:

—Genial.

—¡Y que me quiero casar!

—Estupendo.

—¡Pero contigo, ¿eh?!

—Sí, sí.

—Eh… ¡Y por la iglesia!

—¡Vale!

—Eh… Eh… ¡Y que pongas «en una relación con» en tu página de Facebook!

Y él, cogiendo el móvil:

—Ahora mismo.

¡Dios! ¡Ya no me quedaban argumentos! Así que, en un arrebato desesperado, le quité el móvil, le abrí el whatsApp, y…

—¡Ajá! ¡Aquí hay un chat con una tal Carmen y le dices que la quieres! ¿Quién es?

Y él:

—¡Mi hermana!

Y yo:

—¡Dios mío! ¡Tu hermana!... ¡Tu propia hermana! Lo sabía, ¡eres un pervertido! ¡Hemos terminado! ¡Gané!

Ahí ya me caí rendida con la cabeza sobre la mesa. Uff, que duro había sido aquello… Lo que me dijo a continuación me mantuvo en la misma postura, sin atreverme a levantar la cabeza, durante diez minutos:

—Tienes razón. Ganaste. Esto no tiene sentido. Estoy

harto. No haces más que boicotear lo nuestro. Es como si no estuvieras dispuesta a que te quisieran. ¿Sabes lo que creo? Que le tienes miedo al compromiso…

Ahí ya me quedé muerta. ¡Miedo al compromiso! ¿Yo? ¡¡Pero si soy una tía…!!

¿Y lo de boicotearme? Menudo flipado. Pero de pronto pensé. Yo creía que me había convertido en una auténtica loba que no se engañaba a sí misma, pero a lo mejor mi miedo a autoengañarme para bien había hecho que me autoengañara para mal… Lo que llevo diciendo todo el libro que no debe hacerse. Porque ahora que ya soy una loba lo veo clarísimo.

Cuando levanté la cabeza tenía un taco de queso pegado en la frente y él ya no estaba. En su lugar vi sentado a Punset asintiendo con cara de satisfacción:

—Exactameeeente. Como es imposible tener todos los datos para juzgar la realidad, el cerebro sistematiza, y en muchos casos lo hace con un prejuicio hacia sí mismo.

No podía creerlo. ¿Os acordáis que os hablé de esto al principio? ¡Fue aquí cuando lo descubrí! Había estado juzgando la realidad con un prejuicio hacia mí misma… ¡Mi mente se estaba comportando como un probador del Zara!

Cuando Punset me habló de la falacia del jugador aprendí a no esperar que las cosas tuvieran que salir bien por narices, pero pasé a pensar que, por narices, tenían que salir mal. ¡Y es igual de absurdo! Nadie te garantiza que te vaya a salir bien jamás, pero exactamente igual, nadie puede garantizar que te salga siempre mal. Hay que estar tan abierta a una opción como a la otra en cada nueva oportunidad.

Aquella relación fue un éxito porque aprendí un montón de cosas interesantes y reveladoras. Ese día acuñé mi teoría de los grupos mixtos y me olvidé para siempre de la guerra de sexos. En el amor, los grupos no son hombres frente a mujeres; son personas enamoradas y personas que no lo están. Y no hay más. Tanto intentar comprender a los hombres y a la hora de la verdad, cuando nos enamoramos, nos comportamos igual.

—Exactameeente —apuntilló Punset—. Es lo que intenté decirte y no me dejaste hablar. Cuando una pareja se enamora, al macho le baja la testosterona y a la hembra le sube, como si la naturaleza intentara derribar las barreras que los separan.

Por eso mi chico se comportaba como una tía... Por fin había descubierto la extrañísima categoría de hombre a la que pertenecía «el que se enamora de ti». Lástima que ya no pudiera disfrutarlo porque yo solita había conseguido meterle en la categoría de «el que se harta de ti».

Aunque, un momento, ¿por qué no iba a poder recuperarlo? De pronto yo era el tío. Esto era nuevo para mí... De repente ¡era yo la que tenía que reaparecer reconociendo su miedo al compromiso! Y es cuando descubrí que no era tan sencillo.

Me planteé entrar por su calle en una limusina espantando a las palomas como Richard Gere, pero no me atreví. Y me lo imaginé mirando por la ventana, por si acaso, y sintiéndose un imbécil, como tantas veces me había sentido yo.

Luego me dije: «Por lo menos, llámale». Y estuve a punto de hacerlo un montón de veces, pero colgaba antes de marcar. Y me lo imaginaba en su casa pensando que yo no sentía nada porque no estaba teniendo acceso a mis escenas.

Me avergüenza reconocer que a lo más que me atreví fue a actuar como una reaparecida vulgaris. Le acabé poniendo en un mensaje:

—Hola, ¿qué tal?

Y me enorgullece decirte que aquel tío, definitivamente, era una auténtica loba, porque ¿sabes qué respondió a mi mierda de mensaje?:

—¿Que qué tal? Por lo que respecta a mi vida… ¿Tú no te ibas?

Ahí lo confirmé: «¡Este es mi chico!». Así que me planté en su casa dispuesta a hacer las cosas como Dios manda. La verdad es que no sabía muy bien qué decir, pero no hizo falta porque ya lo dijo todo él:

—Tranquila. Se que has estado insoportable porque cuando uno se enamora se le dispara el cortisol, que es la hormona del estrés. Y también es normal que no quisieras reconocerlo porque está científicamente probado que en los primeros encuentros con alguien hay un rechazo a sentir ese amor en particular. Es el mismo sistema de protección que hace que la hembra le dé largas al macho, porque sabe que tiene más que perder y…

—¡Espera! —le corté—. ¿Dónde está? ¿¡Dónde lo escondes?

Empecé a abrir armarios y a mirar debajo de las camas…

—¡¡¡Punseeet!!! ¡¡Punset!!

Y de pronto sale del baño con una toalla en la cabeza:

—¿Qué pasa? ¿Qué pasa? Me estaba lavando el pelo…

No daba crédito. ¡Creía que le tenía solo para mí! Pero, claro, ¿qué esperaba? ¡Se va con cualquiera que le haga un poco de caso! Al fin y al cabo, es un tío.

Así que a partir de ese día estuvimos juntos los tres. Quién me iba a decir que la solución a todos mis problemas de pareja era convertirla en un trío.

Los tres juntitos nos metíamos en la cama y por las noches Punset nos leía hasta que nos quedábamos dormidos. Recuerdo con especial cariño este pasaje de *El viaje al amor* y que demuestra lo equivocada que había estado: «El amor no es una enfermedad, es una ley del comportamiento con una fuerza equivalente a las leyes de la física».

Así que, chica, no te resistas a él, y si aparece un hombre bueno, que parece quererte, ¡disfrútalo! Siempre que estés enamorada, ojo. Recordad que no vale quedarse con uno solo por lo que él te quiere a ti. Ya hablamos de esto cuando te empecinaste en el flipado. Sé que estás cansada de bregar con tíos que no te querían, o no estaban a la altura o las dos cosas, y es muy tentador quedarse con este. Pero una loba auténtica si coge una maleta en la cinta del aeropuerto y comprueba que no es la suya… ¡la devuelve! No intenta probarse la ropa a ver si le sirve.

Que así vamos todos por el mundo, con ropa prestada de los demás que nos pica, nos incomoda, nos aprieta o nos hace bolsas, y la mayoría de las veces por miedo a que no aparezca la nuestra. Una piensa que es mejor ir hecha un adefesio que quedarse en pelotas. ¡Pero eso no vale!

Una amiga me dijo un día:

—En eso tienes razón, tía. Yo no entiendo a la gente que se conforma. ¿Por qué conformarte con una relación de cinco si la puedes tener de seis?

La vi tan orgullosa de su listón que no le dije nada.

Es muy posible que hasta te autoengañes, ay, el autoengaño otra vez, pensando que sí que le quieres para no tener que soltarle. Que te digas a ti misma que el amor de verdad es esto y no todos los pajaritos que tenías en la cabeza. Que denostes el amor romántico con la misma fuerza que antes lo idealizabas para que tus deseos encajen en tu realidad. Pero piensa que si te quedas con uno del que no estás enamorada te verás haciéndole al pobre todas las escenitas de desconsideración y de falta de empatía de las que tú te has quejado. No porque te hayas vuelto mala, sino porque no te saldrá otra cosa. Te verás queriendo llamarlo amistad con derecho, y ese día descubrirás qué es lo que sentía por ti el número dos. ¡Así que suéltalo! Para que los dos podáis encontrar a la persona realmente adecuada.

Sí, ya sé lo que estás pensando. Eso es muy fácil de decir para ti porque has encontrado un hombre maravilloso… ¿Quieres esperarte al capítulo siguiente, *so* lista?

12
TÍO NÚMERO SEIS.
EL AMOR DE TU VIDA... UN RATO

Claro que un rato... No pensarías que esto iba a acabar al encontrar el amor. El proceso no termina hasta que logras tu objetivo. Y recuerda que tu objetivo no es encontrar pareja, es encontrarte a ti misma. Por eso el proceso no va a terminar hasta que lo consigas. Encontrar pareja está bien en la medida en que te ayude a encontrarte a ti misma, pero eso no suele ocurrir por completo hasta que estás otra vez sola y hundida en el fondo de la miseria, que es enseguida.

Al principio todo es maravilloso... (Bueno, al principio, después de toda la angustia y la ansiedad inevitable de la que ya hemos hablado por activa y por pasiva. El inicio del amor es una mierda, nos pongamos como nos pongamos). Pero digamos que cuando ya sois pareja formal empieza... ¡lo peor!

Tú no contabas con lo complicado que iba a ser acoplar a alguien en tu vida. Cuando siempre has estado sola no le tienes hecho el hueco. Empezar una relación estable es como embutirte en ese vestido espectacular de hace años que ya no te cabe. ¡No hay espacio para él! Así que te dices a ti misma lo mismo que al vestido: «Vas a tener que ceder».

Como quieres que todo salga bien, moviendo de aquí y de allá, consigues colocar las piezas de tal forma que él encaje en el complicado engranaje que es tu vida diaria. Y ahí le dices:

—¡Corre, corre… Ponte aquí!

Y entonces el muy cachondo te sale con que él también tiene una vida. ¡Mierda, eso no lo habías previsto! Pensabas que el tío entraba a co-protagonizar tu serie y listo. Pero resulta que el tío, a su vez, es el protagonista de la suya y no está dispuesto a dejar de grabarla.

Grabar dos series a la vez es muy complicado. Así que a la hora de la verdad no tenéis tiempo para nada. Vosotros queréis ser románticos, pero es muy difícil acoplar las agendas. Con mucho esfuerzo sacáis diez minutos entre dos reuniones de trabajo para pasear por el parque como los enamorados. Porque eso es lo que sois… ¡Dos enamorados! Casi no puedes creerlo. Ni disfrutarlo, porque mientras pensabas esto ya has perdido otros dos minutos. Al final, en vez de pasear tenéis que recorreros el parque a toda leche, que acabas tan agotada que necesitas un banco. Así que buscáis uno, y os viene muy bien porque aprovecháis para hacer un ingreso y dos transferencias, y aún os quedan seis minutos más para hacer alguna que otra cosa romántica antes de volver a la oficina. Pero tiene que ser algo rapidito. Así que eres resolutiva.

—Bien. ¿Ves aquel árbol de allí? Este es el plan. Corremos hacía él riéndonos como idiotas, nos asomamos cada uno por un lado, yo hago como que me escapo, tú me agarras y nos besamos sobre la hierba, ¿vale?

Y él:

—¿Como en los vídeos de karaoke?

—Sí, pero sin la cámara lenta, que no tenemos tiempo.

Intentar ser romántico en la vida real puede llegar a ser muy estresante.

¡El sexo! ¡Tanto tiempo soñando con el sexo diario y ahora te das cuenta de que no te lo puedes permitir! Porque tú quieres mantener la llama, pero también quieres mantener el curro y tienes que hacer un informe para el día siguiente. Al final lo único que se te ocurre es echar el polvo mientras terminas el informe. Pero él, en vez de valorar tu esfuerzo para mantener la chispa, te acusa de que no estar concentrada. Por favor...

—¡Punset, díselo tú! ¡Que las mujeres podemos hacer perfectamente dos cosas a la vez porque nuestro cerebro tiene más grueso el cuerpo calloso!

El irresponsable de tu novio pretende que te abandones totalmente y te sientas como Meryl Streep en *Memorias de África,* lo que no comprende es que como no acabes el puñetero informe te vas a sentir como Javier Bardem en *Los lunes al sol.* Así que al final te toca fingir para quitarte el polvo de encima cuanto antes.

Y él, mosqueado:

—¿Pero tú has llegado al orgasmo?

Y tú:

—¿Llegar? Yo creo que me lo he pasado.

¡Claro que no has llegado! ¿Cómo vas a hacerlo?

—Por favor, Punset, explícale a este hombre que el orgasmo en la mujer requiere estar completamente desconectada de sensaciones como la ansiedad.

Pero Punset está harto de hacer de recadero. Así que tu novio se levanta cabreado diciéndote que no te estás esforzando por la relación.

¡¿Qué?! ¡Uy, lo que me ha dicho! Así que le dices algo que a él también le haga daño. ¡Como que él es incapaz de ponerse en tu lugar, porque ponerse en el lugar del otro exige una corteza orbitofrontal que haya culminado su etapa de formación!

¡Toma! ¡Chúpate esa! No me gusta caer tan bajo. Meterte con la corteza orbitofrontal de tu pareja es un recurso muy barato, pero es que te lleva al límite... Ahí ya se va dando un portazo y os quedáis Punset y tú solos.

Estás enfadada con él por no apoyarte, pero es que no quiere meterse en vuestras discusiones y no piensa decir nada. Lo único que hace es recordarte que «la mayoría de parejas que se desmoronan lo hacen por la falta de atención en los detalles de la vida, cuyo impacto es tan mínimo que casi pasan desapercibidos, pero que se acumulan a lo largo del tiempo hasta socavar el entramado sentimental que sustenta a la pareja».

¡Joer! Pues para no querer decir nada...

Pero es cierto. Uno no puede olvidarse de los detalles porque luego pasa lo que pasa. De hecho, para que no te pase, te voy a decir los tres hitos de la convivencia en pareja: a los tres días dejas de teñirte, a los tres meses dejas de depilarte y a los tres años te dejas las tetas largas.

Definitivamente la vida real no es como en las películas. Piensa en *El guardaespaldas,* filme romántico por antonomasia. ¿Te imaginas a Kevin Costner y a Whitney Houston después de seis meses viviendo juntos, cuando ella tuviera más pelos que él?

El pobre Kevin intentando decírselo:

—Houston, tenemos un problema.

Pero ellos también se descuidan, ¿eh? Ese tío que dejó de ir al gimnasio para sustituirlo por el sexo contigo, ahora ni sexo ni gimnasio, y el mayor deporte que hace es echarse la siesta con la vuelta ciclista de fondo.

Y como se te ocurra sugerirle:

—Hijo, coge la bici y date una vuelta tú.

Te responderá:

—Es que el ciclismo es un deporte muy duro.

¿Duro? ¿El ciclismo? ¡Por favor, si van sentados!

Pero voy a confesarte algo, después de tantos años de altibajos emocionales, su poquito de rutina no te parece mal. ¿Qué quieres que te diga? Saber que pase lo que pase él va a estar ahí tirado en el sofá… tiene su encanto.

Es lo bueno de haberlo pasado tan mal, que lo valoras todo mucho más. Eres más consciente del milagro que supone que alguien esté dispuesto a discutir contigo sobre lavadoras, platos sucios o sobre bajar la basura. Lo malo es que una noche notas que la cosa ya se os está yendo de las manos, y que tu sueño de dejarte las tetas largas junto a él se tambalea.

Yo recuerdo que estábamos en la cama y que le estaba contando una cosa superimportante y, por supuesto, muy terrible de mi trabajo. Yo hablaba y hablaba y él apostillaba de vez en cuando:

—Ya, qué faena… Sí, es complicado… Bueno, no te preocupes…

Y de pronto noté que mi último parlamento hasta a mí se me estaba haciendo largo, y que él no decía ni *mu*… Y ahí es cuando descubrí que llevaba media hora hablando sola.

Me sentí ridícula porque aún no me había convertido del todo al humor y aún no sabía que iba a ser capaz de reírme con esta clase de cosas. Pero en realidad ese no fue el problema. El problema fue que, al rato, medio dormida ya, tosí, y él respondió:

—Ya, bueno, no te preocupes…

¡¿Perdona?! ¡¡Estaba reaccionando dormido con las mismas frases a cualquier «ruido» que yo emitiera. ¿Cómo no había reconocido antes el patrón? Alternaba las tres mismas frases: «No te preocupes…», «claro, es normal…» y «ya, qué mal…» en un bucle sin fin tras cada cosa que salía de mi boca.

Una tos:

—Ya, qué mal…

Otra tos:

—No te preocupes…

Tos, tos:

—Ya, qué mal, no te preocupes…

Me pregunté cómo podía haber encajado hasta entonces esas tres respuestas en cualquier cosa que le estuviera contando, y me di cuenta de que quizá es que ni a mí me importaba si me escuchaba o no.

Nos quejamos mucho de que ellos no se comuniquen, pero la comunicación es cosa de dos. Hablar por hablar tampoco es comunicarse.

El caso es que me di cuenta de que a lo mejor ya habíamos disfrutado bastante de la tranquilidad de saber que el otro iba a estar ahí y había llegado el momento de tener otra vez un poquito de miedo.

No sé en qué momento aquel chico romántico que se fue hasta Holanda para comprarme unos zuecos y me perseguía alrededor de los árboles como un gilipollas había dejado de hacer deporte y se dormía cuando le hablaba. Era evidente que pensaba que me tenía segura, así que empecé a decirle cositas que le recordaran que yo era un espíritu libre y que en un santiamén me podía perder. Cositas como insinuar que yo no creía en la fidelidad:

—Cariño, es inútil revelarse contra la naturaleza, somos animales, y no hay un solo animal en la tierra que sea monógamo.

Y él:

—¿Cómo que no? El pingüino es monógamo.

—Por eso lo llaman el pájaro bobo.

¡Pero en realidad yo no creía lo que decía! De hecho, pienso todo lo contrario. Con lo que cuesta encontrar un hombre que valga la pena, ponerle los cuernos está muy feo. ¡Y sobre todo es un feo muy grande a todas nuestras compañeras mujeres que siguen buscando al suyo! No ya porque sea insolidario no valorar la suerte que tienes de haber encontrado uno, sino porque se trata de un caso de auténtica corrupción. Sí, tanto meternos con los políticos y luego nosotros somos peores que ellos.

Vamos a ver, tú estás en la lista del paro emocional y viene alguien y te saca del paro porque te da un puesto fijo, ¿y sigues follando en negro?

Sí, amiga, poner los cuernos es follar en negro. ¡Y nos perjudica a todas!

El número de hombres es limitado. No puedes acaparar dos habiendo compañeras en el paro. Um... cada vez hace más falta ese convenio colectivo, ¿eh? (Ya casi lo tengo listo para que lo firmes cuando acabes de leer).

Bueno, el caso es que cuando le dije a mi novio que la fidelidad era absurda me salió el tiro por la culata, porque empecé a sospechar que en vez de coger miedo y cuidarme más, me había tomado la palabra.

¿Qué cómo me di cuenta? Pues porque de pronto le dio por volver a hacer deporte. ¡Empezó a salir a correr todos los días!

Y justo entonces dijeron por la tele que unos científicos suecos habían descubierto el gen de la infidelidad. ¿Lo sabías? Por lo visto hicieron un experimento en Suecia y resultó que, dos de cada cinco hombres lo tenía. Claro, será por eso que cuando pillas a un tío poniéndote los cuernos se hace el sueco.

Ahora que lo pienso... De algún modo yo también le puse los cuernos a Punset con los científicos suecos estos, porque seguí escuchando la noticia. Me tranquilicé un poco cuando dijeron que, aunque un hombre tenga el gen no significa que te vaya a engañar seguro. Sin embargo, es difícil de creer... A ver qué tío que tenga el gen va a desperdiciar la excusa... El caso es que empecé a investigar a ver si de verdad mi novio me estaba poniendo los cuernos.

Si te metes en Internet puedes descubrir un montón de métodos para pillarlos. Por ejemplo, fijarte en su lenguaje corporal. Leí que por lo visto frotarse las manos significa ilusión. Que yo pensé: Bueno, ilusión, o frío, ¿no? Yo creo que para que esto sea fiable antes de preguntarle nada, tienes que darle un jersey. También leí que cuando se toca la nariz o se frota los ojos es que te está engañando. Ya, o que no le diste el jersey y el pobre se acatarró.

Es que estos del lenguaje corporal son unos cachondos. Tú pensando que te la está dando con una pelandusca y lo que quiere es que le des una Buscapina.

Y te juro que también ponía esto: «Si lleva las manos en los bolsillos puede significar dos cosas: que esté tranquilo o que esté nervioso». ¡Esto sí que es práctico! Porque ya reduces todas tus dudas a dos posibilidades: que te esté engañando o que no te esté engañando.

Por fin, después de muchas tonterías, encontré el test definitivo para saber si un tío te está poniendo los cuernos. Le pedí a mi mejor amiga que viniera a casa y lo hicimos juntas. Te lo voy a reproducir por si quieres ir haciéndolo con nosotras, porque es un test real, realizado por psicólogos. Lo encontré en Internet. Y todos sabemos que si está en Internet no puede ser malo.

Son diez preguntas. Si la respuesta a las diez preguntas es afirmativa puedes asegurar que te están poniendo los cuernos.

Me dice mi amiga:

—Venga, allá va.

TEST PARA SABER SI TE ESTÁN PONIENDO LOS CUERNOS:

—Primera pregunta. ¿Pasa tu pareja más tiempo fuera de casa?

Y yo:

—Pues claro, ¿no te digo que está todo el día corriendo?

—Segunda pregunta. ¿Está más distanciado de ti?

—¡Pues, claro! Si no para de correr… ¡Cada día está más lejos!

—Tercera pregunta. Cuando regresa a casa, ¿con qué actitud vuelve? ¿Viene sonriendo?

Ahí ya pensé: madre mía, si el que vuelve sonriendo es que te está engañando, que no me estará haciendo el mío, ¡que vuelve jadeando!

—Cuarta pregunta. ¿Se ducha cuando llega a casa?

—¡Pues claro que se ducha! Si no la que sale corriendo soy yo. ¿Tú sabes cómo llega de sudado? ¡No, si hasta yo estoy contribuyendo a que dé positivo el test!

—Quinta pregunta. ¿Has notado movimientos extraños?

—Pues, claro. En su caso… levantarse del sillón ya es un movimiento extraño.

—Déjame terminar —dice mi amiga—. Me refería a movimientos extraños… en la cuenta corriente. Si saca más dinero del razonable.

—Ah, eso… Desde luego que saca más dinero del razonable, pero eso no es un movimiento extraño, es lo normal. Lo raro sería que metiera algo.

—Sexta pregunta. ¿Se muestra reacio a mantener relaciones sexuales?

Y yo:

—Hombre, eso es lo que yo espero, que si se lo proponen se muestre reacio. ¡Pero para eso hago el test, para averiguarlo!

Y mi amiga:

—Mujer, quiere decir que si se muestra reacio contigo.

—¡Ah, conmigo! Y yo qué sé, si no se lo propongo.

—Séptima pregunta. ¿Tiene detalles contigo que no tenga habitualmente?

Y yo:

—Pues, mira, ahora que lo dices, normalmente cuando llego de la peluquería, él ni lo nota... Y el otro día, nada más entrar, me dijo... «Dios mío, qué horror, ¿qué te han hecho?».

Y mi amiga:

—Bueno, eso no es un detalle.

—¿Cómo que no? Es un detalle muy feo, perdona...

¡Era terrible, había contestado que sí a todas las preguntas y solo quedaban tres! Si tú lo estás haciendo, espero que no te vaya tan mal.

—Octava pregunta. ¿Dice mentiras y luego intenta justificarlas de forma absurda?

—¡Dios mío, sí! El otro día precisamente le puse a prueba. Le dije: «Cariño, tú crees que estoy más gorda?». Y me respondió: «Bueno, quizá un poco». ¡Que está claro que es mentira! Y luego añadió: «No, si lo digo porque como te ha estallado la cremallera del vaquero». ¡Ja! Si eso no es una justificación absurda...

Y mi amiga:

—Bueno, tranquila, aún quedan dos cuestiones. Novena pregunta. ¿Le ha dado por empezar a hacer deporte?

Ahí no me quedó más remedio que responder:

—Ya está... No hay nada que hacer. Si todo empezó por eso... ¡Nueve de nueve, qué desastre...!

Y mi amiga, intentando calmarme:

—Espera, aún hay esperanza, que te queda la última. Si la respuesta es no, no hay pleno, y si no hay pleno no es definitivo. Ahí va: Décima pregunta. ¿Se preocupa más de su aspecto? ¿Ha empezado a usar productos de belleza?

Ahí respiré tranquila:

—¡Uff! Menos mal... ¡No! Ja, ja, ja. ¿Mi novio? La única vez que él usó un producto de belleza fue cuando me pidió la leche hidratante para hacerse un cortado.

Entonces me di cuenta de lo boba que había sido por creer

que me estaba engañando. Era todo lo contrario. ¡Evidentemente había entendido el mensaje, había cogido miedo a perderme y había empezado a correr para estar más guapo para mí!

Así que pensé: «Le voy a preparar una cena romántica y a ponerme el *body* negro que tanto le gusta...». Y cuando estaba buscando el *body*, de pronto veo una cosa arrugada en el fondo del armario. Lo saqué y era... Una camisa suya manchada de carmín.

Me quedé muerta. Intenté mantener la calma y esperé a que llegara. Cuando entró por la puerta me armé de valor y le pregunté:

—Cariño, ¿qué significa esta mancha?

Y me respondió:

—Mi amor, seré sincero... Sí, es carmín de una chica.

Cuando yo oí eso me abalancé sobre él y le abracé aliviada:

—Ay, cielo, ¡menos mal! ¡Qué susto! Pensé que estabas usando productos de belleza.

Creía que conocía todas las clases de autoengaño posibles. Sin embargo, ese día descubrí un nuevo tipo: el autoengaño bipolar. Engañarte en tu contra con absurdeces y cuando se confirma el dato, engañarte con iguales absurdeces a tu favor. Puede que mi caso te parezca exagerado, pero es más común de lo que crees.

La cuestión es que yo me había engañado. ¡¿Pero crees que él me dejó engañarme a mí misma?! No. Simplemente... me dejó.

Cuando pasan estas cosas, primero le odias a él por lo que te ha hecho y luego te odias a ti por todo lo que debiste hacer y no hiciste. Y las dos cosas se solucionan igual: no juzgando a ninguno de los dos. Lo hicisteis lo mejor que supisteis, ya está. Igual os equivocasteis, pero eso es como cuando te ves en fotos vestida con ropa de los noventa. Con esos pantalones vaqueros lavados a la piedra que te llegaban hasta la cintura. Que te hacían una barriga que parecía un culo. ¡Pues en aquel momento te encontrabas tan guapa! Ahora, desde el futuro, eres capaz de ver que estabas espantosa, pero entonces era imposible.

Nota: Al terminar de imprimir esta edición, se vuelven a llevar los vaqueros a la cintura que te hacen una barriga que parece un culo, y volvemos a encontrarnos tan guapas.

Lo cual es otra buena forma de recordar por qué nunca debemos juzgar nada.

Y bueno, así se terminó nuestra historia. Las cosas pueden acabarse por muchos motivos y de muchas formas. Eso da igual. Se acaban y punto. Y lo más probable es que no sea de mutuo acuerdo.

Una vez una amiga vino a contarme que la había dejado el novio. Venía en *shock*. Pero el *shock* consistía en que no le entraba en la cabeza que las cosas funcionaran así. Recuerdo que me dijo literalmente:

—Pero ¿esto cómo va? ¿Las cosas se acaban cuando lo decide uno de los dos o qué?

Ahí la que se quedó en *shock* fui yo. Solo acerté a decirle:

—Eh… sí.

Pero ella estaba completamente flipada:

—Vamos a ver. Esto nos afecta a ambos, ¿verdad? Tendremos que votar, ¿no? Si el vota que me deja y yo voto que no, es empate. No puede prosperar la moción.

La verdad es que dicho así suena lógico, pero no hay nada que hacer. Él se va y ya está. No es delito. No puedes detenerlo. ¡Y realmente es injusto! Ese mismo tío rompe un jarrón en una tienda y si no lo paga lo detienen. Pero ¿qué le pasa por romperte el corazón a ti? Nada, absolutamente, nada. Ahí se marcha… tan ancho… Y encima la que tiene que pagar el corazón roto eres tú.

Pues así son las cosas. ¿Y qué hacemos? ¿Emprendemos una cruzada jurídica para reformar las absurdas leyes que rigen el mundo o lo superamos?

13
FASE FINAL: LA RUPTURA

La ruptura de la que hablo es tu ruptura con caperucita para siempre. Ya has acumulado todo el drama que necesitabas para transformarlo en humor y convertirte definitivamente en loba.

Ahora es cuando tienes que aplicar con más fuerza la conversión que has estado interiorizando y el cambio de chip que te permita ir por libre y poner en duda todos los conceptos que has dado por válidos hasta ahora. Empezando por ese mismo, el de ruptura: ¿Por qué hay que considerar una ruptura como un fracaso? Una relación que se acaba no es un fracaso. Es un éxito consumido. Si vas a un restaurante maravilloso y tomas una comida brutal, ¿te deprimes cuando termina y dices: «Menuda mierda era la comida porque se acabó»? No. Se acabó porque te la comiste, ¡y te la comiste porque estaba buena!

Y tu amiga la «sincera»:

—Hombre, pero cuando el amor es de verdad siempre quieres comer más.

¡O no! ¿Por qué tenemos que identificar el amor con duración? ¿Por qué no asumir que a veces el amor es un bufé libre en el que la gente se puede llenar el plato una y otra vez hasta que reviente (y ojalá reviente) y que otras veces es un menú degustación?

Otra cosa que tampoco tiene sentido es cuando decimos:

—Si me ha dejado… es que nunca me quiso.

¿Qué lógica tiene eso? ¿Si ya no quiere comer más es que nunca tuvo hambre? En todo caso es que se hartó de comer…

El caso es que en las rupturas le cogemos tanto miedo al amor que no queremos volver a iniciar otra relación por si se acaba también. ¿Qué tontería es esa? No querer enamorarte porque se puede acabar es como no querer hacer un viaje porque no te puedes quedar a vivir.

Es absurdo todo lo que nos decimos. Pero al fin y al cabo es normal que nos cueste superarlo cuando la relación ha sido buena. Lo tremendo es que nos cueste igual cuando ha sido mala. ¿Por qué te resistes a que se acabe una mala relación? ¿Te acuerdas cuando nos subimos al taxi del tío número dos y meses después descubrimos que no había salido de la parada? Bueno, pues esta vez sí que salió, pero es que tú lo habías cogido para ir a la playa y resulta que te estaba llevando al monte. Cuando nos pasa eso, somos tan absurdos que decimos:

—Hombre; pero no voy a perder las dos horas que llevo en el taxi… Ahora ya sigo…

¿¿Ya sigo?? ¿¿En dirección opuesta a donde querías ir?? ¿Perdón? ¿Cómo es posible que hagas esto? Pues porque a estas alturas ya se te ha olvidado que tu objetivo era llegar a la playa. Tu única meta era seguir en ese taxi, aunque se dirigiera a ¡un precipicio!

Y cuando te caigas por él, te despertarás espachurrada, te palparás el cuerpo para ver si lo tienes todo en su sitio y de pronto te preguntarás:

—¿Y yo por qué llevaba puesto el bañador?

14
EL ÚLTIMO EMPUJÓN

Hay que ver cómo nos cuesta librarnos del drama. Retener el dolor por el fin de la relación es la única forma que tenemos de retener la relación, y pensamos hacerlo todo el tiempo que podamos.

Pero por fin llega un día en que pensamos: «Oye, parece que empiezo a sentirme un poco mejor, que por fin voy a dormir varias horas seguidas…». Y entonces nuestra mente nos dice: «No, no, espérate… ¿cómo va a ser eso?».

¿Estamos locas? Esto lo arreglo yo, vamos, hombre. Al Facebook que me voy… Y aquí es cuando empiezan una suerte de despropósitos que he denominado…

MASOQUISMO EN RED

Primero te vas al Facebook y compruebas que hoy no se ha metido.

—Uff, menos mal… ¡Gracias, Señor!

Ya está. Taquicardia controlada…

—Me voy a…

¿A la cama? ¡Qué, coño, al Twitter!

—Por favor, Señor, que no haya nada en el Twitter que

me parta por la mitad; por favor, Señor… —Aprietas el gatillo y…—. ¡Uff! No ha puesto nada… Solo un par de retuits.

Uy, espera. A ver si son a tías… Ah, no. A tíos… Bueno, vale… ¡Espera, espera! Ah, sí. Son feos. Vale.

—Bueno, pues ahora… ¡al whatsApp, a ver si está conectado!

¿¡Pero qué clase de ruleta rusa es esta!? ¡Al final salta la bala! ¿Cómo no va a saltar si es que no vas a parar hasta que salte?

—¡¡Noooo!! ¡En línea! ¡¡Está en línea y no me está escribiendo a mí!! Conoce más gente. ¡¡Habla con más personas!! ¡¡Me quiero moriiiiiir!!

¡Espera a estar fuerte! Pero no. Tú apenas crees que mejoras un poco ya te sientes lista para comprobar que nada te afecta. Que quieres estar segura de haberlo superado. Me sé todos tus argumentos de falsa loba, porque los he usado todos:

—Si hay algo que saber, quiero saberlo, porque no quiero superar esto en falso. ¡Quiero enfrentarme a la verdad!

¿A la verdad? ¿En Facebook? Permíteme que me ría. Vamos a ver, loba de los chinos… Si tienes la suerte de pasar por todas las redes sin que salte la bala y aparezca algo horrible, ¿qué es lo que crees haber comprobado? ¿Que no está pasando nada? Piensa un poco más allá… Si no está wasapeando con una tía ¡puede que sea porque se la está tirando!

Pero, claro, aquí ya… te tapas las orejas de soplillo y:

—La, la, la, la, la…

Pues para acabar haciendo esto, ¡¿por qué no te tapas las orejas desde el principio, antes de empezar con la ruleta rusa y jugarte tu estabilidad emocional de los próximos diez días?!

A ver, que esto de que si no está en línea hablando con otra, igual es porque se la está tirando, no te lo digo para robarte la poca estabilidad que te quedaba, sino para demostrarte lo absurdo que es basarla en idioteces. Cuando te convences de esto decides ocultarle en Facebook para que no te salgan noticias de él, pero es peor, porque ahora te pasarás el día entrando en su muro. Y es que definitivamente el amor es la droga más dura que existe. ¡Pablo Alborán debería estar detenido por narcotráfico!

En este aspecto, yo toqué fondo una noche que estaba completamente sola en casa porque ese fin de semana a Punset le tocaba estar con mi ex. Cuando pasa eso le echas tanto de menos... Miras sus libros, acaricias las solapas... Y al final sacas *El viaje a la felicidad*.

Lo abrí por una página al azar. Necesitaba una señal de que no era tan imbécil por estar hundida. Y ahí, en la pagina 51, apareció el mensaje de Punset que volvió a salvarme la vida. «Todos los reptiles y mamíferos compartimos la resistencia al cambio y a la novedad».

¿Te das cuenta? ¡Eso quiere decir que es normal que te resistas a la ruptura y no consigas asumirla! No es por gilipollas, ¡es por mamífera!

Y no solo eso, sino que como a los reptiles les pasa lo mismo ¡tu ex lo está pasando igual de mal que tú!

Como una sola frase puede salvarte la vida.

Tu madre también intenta animarte con un argumento parecido, pero a su manera:

—Hija, mientras tú te lo imaginas dándose la vida padre, seguro que está como tú, hecho un auténtico guiñapo.

—¿Tú crees, de verdad? ¿No lo dices para animarme?

—Que no, cariño, que no, que de verdad que das asco.

Y luego te suelta:

—Yo creo que deberías volver a vivir con papá y conmigo una temporada.

—Sí, claro, mamá, y cuando quiera llevarme un hombre a casa, ¿qué hago?

Y ahí es cuando te mira con toda su ternura y te dice:

—Rezar, cariño, rezar.

Pero un buen día, por fin…, todo empieza a cambiar. Te levantas como los demás días y sigues con tu rutina diaria. Hacer pis y… meterte en su muro de Facebook. (Si porque como le has ocultado para que no te salgan sus cosas, pues ahora tienes que ir a buscarlas tú).

Bueno, en realidad primero te metes en sus redes sociales y luego ya haces pis. A no ser que te levantes con muchísimas ganas de hacer pis, en cuyo caso las miras mientras lo haces.

Y no te viene mal estar sentada en el váter porque esa mañana vas a cagarte en todo. Por fin tus peores temores se han hecho realidad. Ya no son imaginaciones tuyas. Ya no son elucubraciones de tu mente desquiciada. Es un hecho. ¡Tu ex está con otra! Aquí deberías decir:

—Bueno, pues ya está. Lo conseguí. Va a ser verdad esto del pensamiento creativo… Le imaginé tanto con una nueva novia que al final conseguí materializarla. Y me salió perfecta, oye… Con sus ojos azules, su pelo rubio… Tal cual la visualicé.

Y al muy cerdo no le basta con posar con ella en la foto del perfil. El muy… ha puesto lo de en «una relación con». ¿Tan rápido? Esa es la mayor conquista que puede hacer una mujer en siglo XXI. Eso es como hacerle quemar la chorvoagenda en público. Eso es una declaración de intenciones más seria que casarte en el Vaticano.

Ya has pasado por esto con todos los tíos anteriores, pero esta vez es peor, porque esa tía no solo está saliendo con tu novio, está disfrutando de tu Punset fines de semana alternos.

Pero, mira, hay un punto relajante en el hecho de que por fin ocurra lo que tanto temías. Que por fin puedes soltarlo, dejarlo ir… Ya no vas a pasarte la vida mirando su muro, esperando lo inevitable, como si estuvieras en el corredor de la muerte. Ahora puedes… mirar el de ella y ahorcarte tú misma.

Pero si consigues no hacer esto, la situación tiene cosas positivas, de verdad. Ahora, todo se vuelve a tu favor. Porque ahora, cada vez que tu ex haga una nueva amiga y te los imagines haciéndolo en todas las posturas, ¡en vez de sufrir, te alegrarás! ¡Porque la que estará jodida es la otra!

Aunque no acabo de entender qué alivio encuentras en que la engañe con otra que no eres tú. ¿Cómo es la cosa? ¿Si tiene nueva novia, malo para ti; pero si tiene novia y la engaña, bueno para ti otra vez?

No aguanta un análisis, pero el caso es que te alegras. ¿Y por qué? Porque cuando tu ex se echa novia dejas de pensar cuánto le amas a él para concentrarte por completo en cuánto la odias a ella.

Esta es la fórmula matemática del despecho: el odio por ella es mucho mayor que tu amor por tu ex. Y mucho menor que tu amor por la tía que se lo quite.

¡¡Pero qué sentido tiene esto!! No me hagas mucho caso, pero creo que puede ser que estés lo bastante tarada como para creer de algún modo inconsciente, que se lo está quitando para devolvértelo.

Ahora, hay una cosa que sí debería hacernos sentir mejor, fíjate. Caer de pronto en esto: Si ahora ella es la novia… ¡yo soy la ex! De pronto yo me he convertido en ese fantasma del pasado que había en la vida de todos mis novios y que tanto me mortificaba. Yo soy la que su nueva novia va a enseñar angustiada a sus amigas y a su madre para que le confirmen que ella es más guapa que yo. Y yo soy la que hará que la cabrona de su madre le diga:

—La verdad es que es guapísima, cielo, te jodes…

¡Soy yo!

Pero esto no nos anima. ¿Por qué? ¿Porque no somos tan malas? No, ¡porque no se nos ocurre! Porque estamos programadas para focalizarnos en ver siempre lo malo de la posición que ocupamos nosotros y en lo bueno de la que ocupan los demás.

Cuando te toque ser la ex, vuelve al momento en que estabas con tu chico e intenta recordar cómo te sentías con respecto a su novia anterior. Toda la inseguridad que te generaba la posibilidad de que él la recordara, de que aún sintiera algo por ella... Y luego regresa a tu lugar actual de ex hecha una mierda... ¡y disfruta! No porque otra mujer esté sufriendo ahora por tu causa, sino por haber descubierto lo absurdo que es que lo haga. Porque tú no te sientes poderosa en absoluto. No eres para nada una amenaza. ¡Así que no tienes que volver a preocuparte jamás por una ex!

Vale que eso no va a servirte de mucho de momento. Primero tienes que olvidar a tu novio y enamorarte de otro, para poder disfrutar de todas las cosas que ya no te van a hacer sufrir en tu nueva relación. ¿Pero cómo te libras de lo que sufres ahora?

¡Pues recuerda que te faltan escenas! ¡Y recuerda que no puedes compararte con ninguna otra mujer porque la comparación es imposible! ¡Y recuerda al chino! ¡Y recuerda a tu próximo amor que a lo mejor ahora mismo también está llorando delante de un muro de Facebook! ¡Recuerda todas las cosas que has ido aprendiendo a lo largo del camino!

Pero nada de eso te sirve porque tú ahora mismo solo quieres que vuelva, que vuelva y que vuelva. Bien, alégrate porque por fin has llegado al fondo del patetismo, y para convertirte en loba ya solo te falta aplicar una de mis teorías más reputadas.

Teoría de la despedida de soltera.

Si tanto necesitas que vuelva, está bien. Concédete desearlo. Si necesitas pensar que volverá, hazlo, no haces mal a nadie, porque ya eres casi una loba y ya no vas a confundir creer en los milagros con quedarte esperándolos.

Es compatible que lo desees con que sigas avanzando. Los milagros te encontrarán donde vayas. Es más, muchas veces descubrirás cuando llegues que te estaban esperando allí y que nunca los hubieras descubierto si los hubieras seguido esperando en el punto de partida.

Mucha gente entiende lo de que no debe quedarse esperando, así que por temor a atascarse en el pasado reprimen el deseo, pero así, aunque crean que avanzan, inconscientemente se quedan enganchados, que es lo que querían evitar. Lo que propongo es avanzar sin necesidad de reprimir el deseo. Cuando te dejan, tú quieres que vuelva, pero no te permites desearlo, porque no quieres autoengañarte. Pero es que nadie sabe lo que va a pasar, así que tanto si piensas que volverá como si piensas que no, te estás autoengañando en una dirección o en otra, tema del que ya hemos hablado ampliamente. Buda decía: «La verdad es lo que es útil». Así que si tú necesitas pensar que va a volver porque no puedes evitar desearlo, ¡entonces piénsalo! ¡Pero piénsalo del todo! ¡Es más, ponle fecha! Di: «El ocho de abril vuelve». Porque si haces eso, convertirás la ruptura en una despedida de soltera. Imaginaos que en esa situación llegara una chica del futuro como la del anuncio de la lejía y os dijera: «El ocho de abril va a volver, que lo he visto yo». ¿Qué pasaría en tu mente en ese momento? Que ante la seguridad, perderías la ansiedad y empezarías a disfrutar de tu despedida de soltera. Empezarías a salir con tus amigas, a tirarte a todos los que no te vas a poder tirar luego… ¿Qué llega el ocho de abril y vuelve? Fenomenal. TÚ HABRÁS ESTADO DISFRUTANDO EN VEZ DE LLORANDO. ¿Qué no vuelve? ¡Fenomenal también! TÚ HABRÁS ESTADO DISFRUTANDO EN VEZ DE LLORANDO. Le amplías el plazo seis meses más, ¡y a seguir follando!

¿Te das cuenta? Como cualquier cosa que creas con respecto al futuro es posible, ¡entonces elige un pensamiento que te ayude a avanzar! Si ahora mismo necesitas imaginar que te reencontrarás con tu ex en el futuro, ¡hazlo! Si tu predicción se cumple, estupendo. Y si no, para cuando estés allí ya no te importará. ¡Tu pensamiento solo habrá sido un medio para llegar allí! ¿Y sabes por qué ya no te importará? Porque ese deseo es como una bolsa de hielo, si la tienes al aire, se derretirá sola, sin que hagas nada, solo por el mero efecto del paso del tiempo, pero si lo reprimes, es decir, si lo metes en el congelador, estará intacto para siempre. Creerás que ha desaparecido porque lo has escondido, pero estará ahí, intacto en el fondo del congelador en que se ha convertido tu corazón, y te lo encontrarás cada vez que lo abras. Por eso hay tanta gente, que para no verlo, no lo abre nunca más. Si crees que puedes estar en una situación parecida, ahora que tienes la teoría de la despedida de soltera como arma para hacerlo, aplícala. Saca la bolsa del congelador y deja que por fin se derrita.

Yo en ese momento no estaba tan lúcida porque estaba metida en el hoyo y no tenía esta joya de libro para ayudarme a salir. Pero tenía a Punset. Bueno, a él no, porque estaba pasando el fin de semana con mi novio y la guarra esa, pero sí sus libros.

Así que abrí al azar *El viaje al amor,* por la página 207, y leí: «La mejor forma de precipitar el final de una emoción negativa es generar otra emoción de la misma intensidad en sentido contrario». ¡Vamos, lo de que un clavo saca a otro clavo de toda la vida!

Así que pensé lo mismo que habrás pensado tú en esa situación: «Claro que sí, hombre. ¡Voy a echar un polvo! ¡Que se joda!». Sí. El sexo por despecho es una cosa muy graciosa que consiste en vengarte de un tío que pasa de ti acostándote con otro del que pasas tú. Con el agravante supermaligno de que el tío ni se entera, y el colmo del sadismo de que le importa un pimiento. Pero y la ilusión que a ti te hace, ¿qué?

Lo malo es que te miras al espejo y estás hecha una auténtica facha. ¿Quién va a querer acostarse contigo?

Es verdad que estás sin depilar y llevas las bragas largas, que como ya sabemos, te aseguraría el follar, pero llevas tanto tiempo llorando por tu ex que también te has dejado las tetas largas. Y eso ya no. Eso es bonito para vivirlo en pareja, pero para ligar…

Así que decides buscarte una conquista por Internet. Que te diga guarradas sin necesidad de verte. Total, tú solo necesitas sentirte deseada. Por un momento piensas: «A ver, si el tío también está ligando por Internet para preservar su anonimato debe ser muy chungo…». Pero lo necesitas tanto que te dices: «Bah, qué más da. ¿Qué es lo peor que puedo encontrarme ligando con un tío anónimo? ¿Que sea el autor de *El lazarillo de Tormes*?».

Así que te metes. Y en cuanto empiezas a chatear con él te das cuenta de que, precisamente, el autor de *El lazarillo de Tormes* no va a ser. Te ha escrito «echar» con hache y «polvo» con b. Pero tú necesitas tanto sentirte deseada que miras la pantalla del chat y te engañas como puedes:

—Bueno, la ortografía no es lo suyo, pero al menos… tiene una letra bonita.

Al rato te das cuenta de que aquello no va a ningún sitio. Tú necesitas «hechar un polbo» de verdad. Así que te va a tocar salir a la calle.

Una parte de ti piensa que aún es muy pronto. Y la otra parte te dice:

—¡¿Pronto?! ¡Tienes casi cuarenta! ¡Igual hasta los tienes ya aunque no quieras reconocerlo aquí!

Y todas sabemos que a partir de los cuarenta se da la terrible injusticia de que la edad de las mujeres es como la de los perros. Cada año que cumplimos equivale a siete del hombre. Por eso nosotras con cuarenta empezamos a estar pasadas y ellos comienzan a ser unos galanes. Diréis, oh, qué antigua, esa barrera está superadísima. ¡Por supuesto que sí! Claro que lo está. ¡Pero hay un complot para mantenerla ahí! Un complot a nivel mundial. Y están implicadas instituciones muy gordas. ¡Está implicada la mismísima seguridad social! No sé si lo sabéis, pero a los cuarenta, la seguridad social te obliga a hacerte una mamografía, que consiste en meterte las tetas en una prensa hidráulica. ¡O sea! ¡Fijaos la magnitud del complot! Tú consigues llegar a los cuarenta con las tetas en su sitio, ¡y viene el estado y te las aplasta! Está todo organizado.

Te miras las patas de gallo y no puedes evitar pensar:

—Son por todos los años que me he pasado sonriéndoles a esos capullos.

¡Y ahora que has aprendido cómo tratar a los tíos ya no te sirve de nada porque ninguno te va a querer tratar! Intentas darte ánimos con eso de que lo único que necesitas es «ser tú misma». ¡Pero reconócelo de una vez! ¡Ese consejo siempre ha sido una mierda! «Sé tú misma» solo es un buen consejo si eres Angelina Joli.

No te fastidia… Si fuera Angelina Joli estaría encantada de ser yo misma todo el rato. Pero cuando tú eres tú, no puedes ser tú misma.

Hombre, hay algo que sí has aprendido. Que desde luego ya no vas a estar dispuesta a volver a pasar nunca más por el proceso de embutirte en unas medias reductoras: tres horas tirando de ellas hasta conseguir que te suban hasta la mitad del muslo. Entonces viene lo que yo llamo el bonito «momento champiñón», que es cuando se te quedan atascadas ahí y toda la grasa de las caderas –que simplemente habías ido arrastrando hacia arriba– te sale por los lados. Entonces tienes que empezar a recogértela como el que se la mete en los bolsillos. Y cuando consigues subir las medias hasta la cintura se cierran como una planta carnívora. Que sí, estarás divina, pero te sube la voz cuatro tonos. Con lo que al final pareces Claudia Schiffer, pero con la voz de Gracita Morales.

No vas a volver a fingir lo que no es. Si vas a reformarte vas a hacerlo de verdad, como las lobas. ¿Yendo al gimnasio? ¡Qué coño! No puedes permitirte tardar seis meses en estar buena ¡te queda poco tiempo!

Que cualquier día te sueltan la frase esa de:

—Qué bien te conservas.

¿Me conservo? ¿Qué soy, un berberecho en lata? ¡Lo que te están diciendo es que estás para consumir preferiblemente antes de un año!

Yo creo que las más jovencitas deberían dejar paso en la cola de ligar a las que nos quedan dos meses de estar buenas. Pero como no están dispuestas a organizarse y dejar paso a las personas mayores, tienes que hacerles la competencia desleal. Con cirugía. No te queda otra.

Yo antes no era nada partidaria, pero entre unas y otras te obligan. Porque no es que parezcamos mayores que las de veinte, es que parecemos mayores que las de cincuenta…, ¡porque ellas sí se hacen cirugía! Estamos acorraladas entre las veinteañeras y las cincuentonas. Hay que hacer algo.

Una vez que te decides ya te parece fenomenal. Yo, antes, cuando alguien alababa a una tía buena operada, le decía:

—Bueno, sí, muy guapa, pero no tiene nada suyo. Las tetas son de silicona y los pómulos de bótox...

¡¿Y tú qué, cachonda?! Las patas son de gallo y la piel de naranja.

Así que te convences y allí que te vas con tu madre a la clínica donde le levantaron el pecho a ella. Yo solo quería un poquito de bótox en las patas de gallo y una pequeña liposucción en las caderas.

Pero lo de las operaciones estéticas es como lo de meterte en obras. Sabes cuándo empiezas, pero no cuando terminas, porque en cuanto abren se dan cuenta de que hay que tirarlo todo.

Cuando llegas allí te sientes más caperucita que nunca. Tu madre y el médico hablan como si tú no estuvieras:

—Hay que levantarle el pecho —dice tu madre.

—Sí —añade el médico—. Y los párpados... Y hay que hacerle una otoplastia porque tiene las orejas un poquito despegadas.

¡¿Qué?! ¡Eso sí que no! Pero si me las pegué hace cuatro tíos, ¿ya se me han despegado? ¿Pero con qué me las pegaron, con velcro?

Ahora, hay que reconocer que el cirujano era buenísimo. Yo iba para que me dejara de nuevo delgadita, y oye, nada más entrar por la puerta el tío me puso fina. Y seguía:

—Y también te voy a hacer la lipo, por supuesto, porque tienes mucha grasa acumulada, y te voy a hacer un *lifting*, porque tienes la cara muy descolgada...

Ahí ya le dije:

—Pues yo le voy a hacer a usted una pregunta: ¿cómo se puede ser tan faltón?

Pero él pasaba de mí. Hablaba directamente con mi madre, que le animaba:

—Ay, sí, pero lo de las orejas lo primero, que están muy despegaditas...

¡Joder, podrían tener los dos un poquito de tacto, que no tengo las orejas tan lejos como para no oírlos!

Bueno, y me enteré de cada cosa... Lo que ha avanzado la ciencia en lo que yo estaba liada con lo mío de los hombres... Por lo visto lo último en *liftings* es meterte hilos de oro subcutáneos para estirarte la piel. Cuesta un pastón, claro. Así que dije yo:

—Oiga, pero si va por dentro, ¿no puede ser bisutería?

El hombre me miró mal. Se ve que era una clínica muy

pija. Y entonces pensé que me podía meter la cadena de oro superhortera que me regalo mi ex. Mira, ya no se hubiera podido quejar más de que no la llevara puesta. Pero, claro, eso al cirujano seguro que no le interesaba porque no sería negocio para él. El oro tenía que comprarlo allí.

—Pues muy bien —le dije al médico—. Pero la piel que me sobre de los párpados me la llevo, que es mía.

Claro, es que luego ves a la enfermera con un bolso de piel monísimo y piensas: «Seguro que es de lo que sobró de las tetas de mi madre…». Y yo con la mía perfectamente me puedo hacer una bolsa para las barras de pan.

Ahora, lo de la liposucción fue lo peor. Cuando creía que no podría soportar más humillación, el tío sacó un boli rojo y se puso a dibujar:

—Esta es la parte afectada.

Y me pintó un círculo más grande que la zona cero. A ver, voy porque tengo complejo, ¿y lo primero que haces es pintarme una diana en las cartucheras con una cruz en el medio? ¡Que solo le faltaba ponerse a lanzar dardos!

¡Por favor! Cuando ya tenía claro que no iba a volver a sentirme patética jamás por ningún hombre, ¿se lo iba a consentir a este señor que ni siquiera me ponía? ¿Y todo por qué? ¿Porque mi ex había empezado a salir con una veinteañera de ojos azules? Yo también tenía dos ojos. ¡De momento! Porque todo lo que querían hacerme me iba a costar uno.

Pero él seguía:

—Bien, le vamos a sacar toda la grasa de las caderas…

—Ya, y con la piel que me sobre… ¿qué hago? ¿Me la recojo en dos coletas?

Y él a lo suyo:

—Y esa grasa que le quitemos se la ponemos en la cara para rellenar los pómulos.

—¡Genial! Así que voy a acabar con las cartucheras en la cara y las coletas en las caderas.

¡Lo único que iba a hacer era cambiarme las cosas de sitio. ¡Como si fuera Mister Potato!

Claro, ya cuando me dijo que me iba a pegar las orejas, le pregunté:

—¡¿Dónde?!

Y, de pronto, en ese momento de máximo absurdo existencial, por fin brotó el surtidor de la risa. ¡Como un pozo de petróleo! Por fin mi perforación hasta lo más profundo la hizo salir desde el fondo y volar por los aires. ¡Ocurrió! ¡Me convertí en loba!

Así que me recogí las tetas como si fuera un echarpe, y me largué con la cabeza bien alta. Y, por alguna razón, sin que me hubieran quitado ni un gramo de grasa, me sentí mucho más ligera que cuando entré. Ahí comprendí que sí que bastaba con ser yo misma, pero que para eso primero tenía que descubrir quién era yo misma. ¡La loba que hay debajo de la caperucita!

Así que, por favor, hazme caso: Si estás deprimida, deprímete más. ¡Porque cuando más caperucita te sientas es porque estás a punto de convertirte en loba!

Porque del drama brota la RISA y de la risa, brota el PODER.

15
Despedida

Bueno, pues hasta aquí hemos llegado. Espero que hayas disfrutado del proceso y llegado a la conclusión de que convertirte al humor es lo más serio que puedes hacer. Si es así, ¡enhorabuena!

Esto sí que es digno de felicitación, y no las tonterías por lo que se hace normalmente. El cumpleaños, por ejemplo. ¿Qué mérito tiene? Quien más quien menos todos hemos nacido... ¡¿Y el santo?! Eso sí que es de coña. Que te feliciten por llamarte Marta el día de santa Marta es como llamarte Gabriel y te feliciten por escribir *Cien años de soledad.* Yo solo considero digna de felicitación una festividad: el día de los enamorados. Y todos los años la felicito igual:

—Felicidades a todos los que se quieren... porque ellos no necesitan pareja.

Si has conseguido reírte de ti misma es que eres de este grupo. De los que no la necesitan, pero que precisamente por eso pueden disfrutarla cuando llega... Así que vive como te dé la gana, sola, en pareja, en trío o en cuarteto, ¡pero no te olvides de practicar el humor!

Para ponértelo fácil he pensado añadir, a modo recordatorio, un pequeño plan de acción para que puedas acudir a él cada vez que tengas dudas sobre cómo actúa una loba. O sea, una conversa al humor. Recuerda que esto implica consciencia permanente. Este plan de acción sirve tanto para cada pequeña molestia o situación concreta como para tomar decisiones más determinantes con respecto a las relaciones. Lo que no va a darte es respuestas sobre lo que va a ocurrir a raíz de esas decisiones, porque si algo ha quedado claro es que en el amor no hay reglas que valgan para garantizar un resultado. Lo único que puedes asegurarte es disfrutar del juego y utilizarlo para ser cada vez más loba, que como ya sabes es tu nuevo objetivo.

Vamos a hacerlo como en los libros de «Elige tu propia aventura» ¡¿Te acuerdas?! ¿Cómo que no?! La que dice que no es la misma que la de *Karate kid*, otra vez dando por saco. Mira, bonita, si hace un montón de páginas ya tenías que estar en la cama, no te digo nada ahora... Lo único que me alegra es que, si llevas todo este rato leyendo sentada, se te debe estar quedando un culo carpeta...

«Elige tu propia aventura» son unos libros de mi infancia y de la de todas las demás en los que el lector era el protagonista, y él mismo iba eligiendo, de entre varias opciones, los giros de la historia.

16
Elige tu propia aventura

Estás experimentando una emoción concreta hacia un tío, o hacia su comportamiento o hacia la relación que mantenéis. ¿Qué haces?

a) ¿Taparte las orejas con las palmas de las manos y pronunciar repetidamente el vocablo «la»?

b) ¿Tener las narices de observar la realidad y reconocerlo ante ti misma?

Si eliges la opción b), vete a la siguiente pregunta.

Si eliges la a), vete a la mierda. Y cuando te canses de estar allí, te vienes a la siguiente pregunta.

Número dos

Una vez has reconocido la realidad, ¿qué haces?

a) Aplicas la máxima: «Pienso, luego río» para llegar al fondo del drama hasta que brota la comedia y empiezas a oír las risas enlatadas en tu cabeza.

b) Sigues en el papel de reina del drama y agarras un rábano de la nevera mientras pronuncias el nombre de Dios en vano.

Si eliges la opción a), vete a la siguiente pregunta.

Si eliges la opción b), devuelve ese rábano a su sitio, Escarlata. Elige la opción a) y haz lo que ponga allí.

Número tres

Una vez que has visto el problema que tenías a la luz del humor, ¿qué sientes?

a) Te das cuenta de que la situación ya no te supone un problema y no necesitas hacer nada al respecto.

b) Aunque ya no dramatices, sigues pensando que necesitas tomar medidas.

Si has elegido a), felicidades. La tuya era una molestia de caperucita que has eliminado comportándote como toda una loba convertida al humor. Aquí acaba tu aventura con respecto a la consulta que hayas hecho. Te esperamos en la próxima.

Si has elegido b), vete a la pregunta siguiente.

Número cuatro

A pesar de tus esfuerzos de verlo desde el humor, con todo lo que ello implica —observar la realidad sin autoengañarte ni a favor ni en contra, relajarte, reírte de ti misma— no puedes evitar que te siga doliendo. Bien. ¿Qué haces?

a) Eres consecuente con lo que sientes y haces lo que tengas que hacer, aunque te cueste.

b) Le dices a tu dolor «habla chucho que no te escucho».

Si eliges la a), ¡felicidades! Aquí acaba tu aventura para esta consulta. ¡Qué bien que le hayas echado huevos! Resulte lo que resulte de tu decisión, disfrútalo. Y si a pesar de no arrepentirte de tu decisión no consigues disfrutar el resultado porque no ha sido el que esperabas, empieza de nuevo el proceso desde la pregunta número 1, con respecto a cómo te sientas por ello.

Si eliges la b), hablas todavía como en el colegio... Tú eres la del culo carpeta, ¿no? La que ni siquiera sabía jugar a esto.

17
CONVENIO DE LOBAS

¡Hey! Te dije que iba a prepararlo en lo que te leías el libro. ¿Creías que me iba a olvidar? Me ha dado tiempo por los pelos. Lees superrápido. Casi me pillas poniendo el último artículo.

Pero aquí lo tienes. El convenio de lobas compuesto por diez artículos que deberás respetar fielmente para formar parte de la jauría. Por favor, firma al final en el hueco reservado para ello.

ARTÍCULO PRIMERO
Una auténtica loba respetará las leyes del humor, sustituyendo el «pienso, luego sufro» por el «pienso, luego río» y vivirá su vida como una comedia de risas enlatadas.

ARTÍCULO SEGUNDO
No se subirá a los guindos ni le pedirá peras a los olmos.

ARTÍCULO TERCERO
No dejará que su mente se comporte como un probador de Zara.

ARTÍCULO CUARTO

No aplicará el miedo al compromiso como excusa universal ni volverá a pasarle la escobilla a un tío que no lo merezca.

ARTÍCULO QUINTO

Cuando utilice a un tío, lo dejará en óptimas condiciones para la siguiente.

ARTÍCULO SEXTO

Ignorará a los cerdos, convirtiéndolos en cerdos a la izquierda.

ARTÍCULO SÉPTIMO

No admitirá comparaciones y no pondrá un mercadillo con sus cualidades.

ARTÍCULO OCTAVO

Hará de su vida una gran despedida de soltera.

ARTÍCULO NOVENO

No follará en negro.

ARTÍCULO DÉCIMO

Respetará la antigüedad, cediendo el paso en la cola de ligar a las señoras mayores.

FIRMA: _____

Estoy viendo que los artículos de este convenio bien podrían ser los diez mandamientos amorosos de la religión del humor. Y, si son mandamientos, yo añadiría dos más:

Amarás a Punset sobre todas las cosas y no pronunciarás más el nombre de Dios en vano, señorita Escarlata.

¡A por todas, pedazo de loba! ¡Bienvenida a la jauría! ¡Nos vemos en la vida real! Y recuerda que si alguna vez te caes de la tabla debes volver a surfear enseguida. Aunque tengas ganas de retirarte y decirles a los hombres:

—El que no me ha querido tiempo ha tenido —como le dije yo al número dos.

Yo he estado a punto de tirar la toalla muchas veces y sé que volverá a pasar. Sé que habrá momentos en que diré a mis amigas:

—¡Ahora sí que me quito del amor! Los polvos que me quedaran por echar os los repartís entre vosotras…

Pero también sé que cada vez que yo me caiga del humor ahí estarán ellas para tomarme a risa. Y que ahí estarán ellos para obligarme a subir de nuevo a la tabla. Y, sobre todo, que cuando ya no pueda más… ahí estará mi madre para levantarme los párpados.

Epílogo

Una vez que habéis leído el libro, quiero compartir con vosotros lo que ocurrió después de publicarlo: la preciosa y mágica historia de mi amistad con el gran Eduard Punset en la vida real.

Como ya sabéis, puesto que acabáis de leerlo, a lo largo de los años, la lectura de sus libros me inspiró tanto que lo convertí en mi gurú en materia amorosa. (En concreto todo lo que pongo en su boca proviene de tres de ellos: *Por qué somos como somos*, *El viaje al Amor* y *El viaje a la Felicidad*).

Para él, todo conocimiento que no sirviera para ser más feliz no tenía ningún sentido. Durante los meses de gestación de este libro, hablaba con Punset a través de los suyos como si realmente lo conociera, y anotaba las cosas que me decía en ellos, y a las que yo respondía, puesto que así lo vivía yo, como un auténtico diálogo entre ambos, sintiéndole ya como un amigo personal. De este modo se convirtió en el personaje protagonista que me acompaña permanentemente en mis desventuras, iluminándome con su sabiduría.

Lo que no podía imaginar es que esa amistad se haría real una vez se publicara el libro. Por eso os lo cuento al final. Para que leáis las cosas por el orden en que las viví. Que Eduard me concedería el regalo de su amistad de la misma forma que había visualizado y sentido mientras escribía el libro ha sido uno de los mayores regalos profesionales y personales que me ha dado la vida.

Todo comenzó, efectivamente, tras la publicación de la primera edición de este libro en 2015. Me hacía muchísima ilusión que Eduard conociera de su existencia puesto que había oído que era un hombre con mucho sentido del humor y creí que le resultaría, cuando menos, curioso descubrir que había inspirado un libro en el que, mezclando humor y ciencia, se le rendía un sincero y respetuoso homenaje.

Así que con mucha vergüenza, pero gran emoción, contacté telefónicamente con su secretaria personal, Esther Juncosa, que resultó ser una mujer maravillosa, que ante mi temerosa petición de una dirección a la que poder enviarle un ejemplar al Señor Punset, respondió: «Aun mejor que enviarle el libro, te concierto una cita con él y se lo das en persona. Estoy segura de que le hará mucha ilusión». ¿En serio? No podía creer que fuera a conocerle y a charlar con él, como tantas veces había imaginado.

Quedamos por primera vez en los preciosos salones del Hotel San Mauro, cerca de su casa en Madrid, en los cuales quedaríamos habitualmente a lo largo de nuestros años de amistad, cosa que no podía ni imaginar aquel primer día, en que el solo hecho de conocerle, contarle la historia de mi libro y regalárselo, era un sueño hecho realidad. Yo estaba nerviosísima y totalmente abrumada por el encuentro. Pensad que era el primero real, después de tantos como habíamos tenido en mi cabeza. Pero desde el primer momento descubrí a un ser humano entrañable y cariñoso, que me trató como a una hija. En nuestro segundo encuentro me dijo que le había gustado mucho mi libro porque su vocación al convertirse en divulgador científico era justamente que la ciencia resultara de utilidad práctica para que la gente fuera más feliz, como os adelantaba arriba. Precisamente lo que consiguió conmigo, como con tantísima gente, y lo que intento transmitir en el libro y en el espectáculo.

Durante los casi cinco años transcurridos desde que nos conocimos tuve el honor de compartir muchas cosas con él. Me acompañó en la presentación del libro, días después, (en la FNAC) cosa que no me habría atrevido a soñar, (en la que fue una tarde memorable, junto a él y mis queridos Arturo González-Campos, Luis Piedrahita, y Sergio Fernández, «el Monaguillo», que presentaban el libro, y muchos otros amigos queridos) y un año después, también en el estreno del espectáculo teatral, para el que, tan cariñoso como siempre, me grabó un video a través del cual se hace presente cada noche en el escenario.

Me hizo muchísima ilusión cuando vino a ver el espectáculo por primera vez, unos días después del estreno porque este le pilló de viaje. Me puse tan nerviosa que olvidé señalar al público que esa noche estaba con nosotros, pero no hizo falta porque la gente en cuanto lo vio aplaudió espontáneamente.

Pasé las tardes que pude charlando con él ante una Coca-Cola en el Hotel San Mauro y alguna que otra vez desayunando junto a su casa. Ojalá hubieran sido muchas más, pero repartía su tiempo entre Madrid y Barcelona y desde que se puso más malito ya se quedó en Barcelona de forma permanente.

Hace cuatro años, tuve el honor de acompañarle a los premios «Iris» de la televisión y comprobar lo muchísimo que lo quería la gente. Y no me refiero al gran público, que por descontado, sino a todos los compañeros de los medios de comunicación. En una fiesta llena de personalidades, él era la única a la cual abordaban todas las demás, e incluso hacían cola para tener una foto a su lado. A Caridad, (gran amiga suya, y gracias a él, también mía) y a mí, que le acompañábamos esa noche, nos daba pena que el pobre no pudiera comerse ni un canapé sin que alguien le pidiera una foto, a lo que él siempre accedía con entusiasmo, aunque fuera la una de la mañana y no hubiera probado bocado en tres horas de gala. Cada vez que estaba a punto de meterse el canapé en la boca le tocaba volverlo a dejar en la mesa porque le abordaba alguien más y ni una sola vez de las treinta veces que le tocó repetir esta operación perdió la sonrisa de oreja a oreja que le caracterizaba.

Cuando nos dejó, el 22 de mayo de 2019, sentí muy intensamente su pérdida, pero también que su legado seguiría acompañándome cada día de mi vida. Y también, cada noche, sobre el escenario. Lo que era un homenaje en vida desde hace ya cinco años, lo sigue siendo ahora tras su muerte cada vez que se levanta el telón y cada vez que alguien lee este libro.

Querido Eduard, me apena que nuestra amistad llegara tan tarde. Hubiera querido hacerlo todo igual, pero mucho antes, para disfrutarte más tiempo. Aunque quiero pensar que todo ocurre cuando debe, nos quedaron muchas cosas por hacer, proyectos en común que hablabas de acometer con total entusiasmo y generosidad. A cualquier cosa que te proponía tu respuesta siempre era: «Si es contigo, lo que sea». Siento que no aproveché lo suficiente el tiempo que la vida me regaló tu presencia y cariño, pero también quiero pensar que se trata de una sensación inevitable cuando tienes la suerte de conocer a alguien tan valioso. Te prometo que las cosas que quedaron por hacer serán hechas, y seguirán siendo un homenaje a ti, como ya lo son las que hemos compartido.

GRACIAS, Eduard, por todo. Qué placer haberte podido transmitir personalmente cuánto hiciste por mí. (Y sé que fui representante de muchísima gente).

De todas las magistrales frases que has dicho y escrito, me quedo con la que me dijiste en nuestro último encuentro. Gracias por compartir conmigo la conclusión más hermosa a la que se puede llegar después de toda una vida dedicada a la investigación:

EL AMOR LO ES TODO.
GRACIAS, MAESTRO. BUEN VIAJE.

MARTA GONZÁLEZ DE VEGA

es guionista de cine y televisión, actriz, cómica y autora teatral. Ha sido coordinadora de guion de *El Club de la Comedia*; programa donde comenzó su andadura profesional y en el que escribió más de cuatrocientos monólogos a lo largo de seis temporadas. Tras siete libros publicados como guionista de *El club de la comedia*, en 2015 publica este su primer libro en solitario, que un año después convertiría en espectáculo teatral, el cual protagoniza desde entonces en la cartelera madrileña y que disfruta ya de su quinta temporada de éxito.

Como guionista de cine ha escrito las exitosas películas *Padre no hay más que uno (1 y 2)* junto a Santiago Segura, en las que también participa como actriz. En los últimos años ha compatibilizado el cine y el teatro con la radio y la televisión, siendo, entre otras muchas cosas, colaboradora de Radio Nacional, y guionista y actriz en el programa José Mota